DE QUEL PROGRÈS AVONS-NOUS BESOIN ?

Bruno Markov

DE QUEL PROGRÈS AVONS-NOUS BESOIN ?

Éditions Anne Carrière

Du même auteur

Le Dernier Étage du monde, Anne Carrière, 2023

ISBN : 978-2-3808-2354-7

www.anne-carriere.fr

Merci à Ève pour son sens des profondeurs,
à Alain pour sa science des sommets,
et à Anne pour sa juste distance.

Sommaire

– V – Système d'atterrissage — 251

Le pari de Prométhée

En des temps immémoriaux, Prométhée avait offert le feu aux humains. Les pauvres étaient nés lents et fragiles, sans crocs ni griffes : sans l'aide de la technique, ils n'avaient aucune chance. Cette manne, très vite, tint en respect les prédateurs, rendit hospitalières les régions les plus hostiles, décupla leur énergie puis leur puissance.

Mais Prométhée, dont le nom signifiait « le prévoyant », avait un dessein plus ambitieux en tête : il leur transmit les enseignements d'Athéna, pour qu'au feu technologique s'ajoute la lueur de la connaissance. Les humains devinrent astronomes, mathématiciens ou médecins, et ces savoirs nouveaux chassèrent la nuit de leur esprit, leur firent tourner le dos aux superstitions pour mieux comprendre l'élégance du monde alentour, et ainsi prendre des décisions toujours plus éclairées.

Le Titan avait bien calculé son coup. Ses deux présents combinés changèrent la destinée de ses protégés. Ceux-ci entreprirent un long voyage sur le fleuve du Temps, dans une direction qu'ils nommèrent Progrès – avec leur technologie pour moteur, leur connaissance pour boussole et pour gouvernail. Entre l'une et l'autre, c'était l'entente parfaite, une véritable symbiose : un progrès des connaissances se traduisait aussitôt par un progrès technique, lequel entraînait de nouveaux outils, qui permettaient à leur tour de mettre au jour d'autres connaissances, et ainsi de suite, à un rythme de plus en plus soutenu. Prométhée tenait là son chef-d'œuvre.

Mais, sur le Temps long, un problème inattendu se présenta : la technique avait cet avantage sur la connaissance qu'elle se transmettait bien plus vite et sans effort. À chaque nouvelle génération d'humains, il fallait des années d'apprentissage pour se hisser sur les épaules de leurs ancêtres et hériter des innombrables savoirs qu'ils avaient accumulés. Tandis que dès leur plus jeune âge, en maniant un outil, en activant une machine, en appuyant sur un bouton, ils pouvaient instantanément profiter du génie cumulé de milliers d'humains, de tous siècles, dont les connaissances s'étaient sédimentées dans une myriade d'objets au fonctionnement mystérieux.

Un jour, le moteur de la technologie devint donc si puissant qu'il décida à lui seul de la direction du Progrès : quoi qu'indique la boussole de leurs connaissances, les humains n'avaient d'autre choix que de naviguer tout droit, et de plus en plus vite.

Prométhée, qui avait toujours une pensée d'avance, savait que cette odyssée sans gouvernail risquait de mal finir. Alors il eut la brillante idée d'offrir à ses protégés la technologie ultime : le plus puissant des feux concevables. Face au pouvoir destructeur de ce nouveau présent, les humains allaient devoir se montrer plus raisonnables et en appeler à leurs connaissances pour fixer des limites à son usage. Mais son plan ne fonctionna qu'un court instant. Passé la stupeur, les humains eurent de nouvelles idées désastreuses – par exemple, l'un d'eux voulut allumer le feu nucléaire sur Mars, une planète voisine, afin de la rendre habitable. Prométhée se tapa la tête contre les murs de l'Olympe.

Fatalement, un soir d'été, les humains arrivèrent à une bifurcation : là, le fleuve du Temps se séparait en deux bras qui, vraisemblablement, ne se rejoindraient plus. Il fallait choisir, et pour de bon, la direction du Progrès. À l'accélération du courant, ils sentaient que l'une de ces deux voies menait à une chute et, grâce à leurs connaissances en mécanique des fluides, ils savaient qu'en l'absence de choix, c'est vers celle-ci que le statu quo les précipiterait.

En somme, la situation était simple : il fallait freiner le moteur du progrès technique, pour que le gouvernail de la connaissance puisse manœuvrer. Mais les humains, depuis tout ce temps, n'avaient appris qu'à augmenter sa puissance – jamais à la maîtriser.

– I –

PASCAL FACE À L'AVENIR

« L’homme raisonnable s’adapte au monde ; l’homme déraisonnable s’obstine à essayer d’adapter le monde à lui-même. Tout progrès dépend donc de l’homme déraisonnable. »

George Bernard Shaw

1.

Un décideur face à l'avenir

Au cours des années 2000, à l'époque de la crise des subprimes, des premiers réseaux sociaux et de l'iPhone 3G, en même temps que les Jeux olympiques de Pékin annonçaient le réveil de la Chine, un homme émergea des cercles de décideurs : il s'appelait Pascal.

Son nom ne vous dirait rien, il en changeait d'un bureau à l'autre. De conseil d'administration en cabinet ministériel, d'institution internationale en société de conseil, de New York à Singapour en passant par Bruxelles, on lui connaissait un nom différent – mais toujours les mêmes compétences : une forte capacité d'analyse et de résolution de problèmes, un goût prononcé pour l'innovation, le sens des affaires et du résultat.

Par-dessus tout, Pascal avait le talent indéniable de pressentir quelle serait la prochaine tendance. Des énergies renouvelables à l'intelligence artificielle, il faisait toujours le bon pari sur l'avenir, avec un temps d'avance. Aussi les plus grands décideurs, chefs d'entreprise et chefs d'État lui demandaient-ils conseil, comme à un oracle en d'autres temps, sur la meilleure stratégie à adopter pour arriver les premiers au futur.

Pascal n'avait pas de visage. Ou plutôt, il en avait des milliers. Tour à tour entrepreneur et consommateur, élu et électeur, éminence grise et relais d'opinion. Et, bien qu'il n'ait jamais eu l'étoffe d'un leader charismatique, préférant le silence ouaté des salles de réunion aux lumières des projecteurs, nous le connaissons tous sans le savoir : ses décisions anonymes ont façonné notre époque.

Incidemment, quand un grain de sable inattendu – crise, attentat, pandémie, guerre, pénurie – venait perturber la marche du monde, Pascal faisait partie des premiers à qui l'on reprochait de n'avoir pas vu le coup venir – voire d'avoir tout savamment orchestré, selon ceux qui surestimaient son influence.

Et c'est ici que notre histoire commence.

Cela fait désormais quelques années, peut-être dix, peut-être quinze, que les grains de sable s'additionnent et que les doutes s'amoncellent. Face à la polycrise écologique, technologique et géopolitique, il se murmure que Pascal a perdu sa maîtrise et sa clairvoyance. Aux progrès fabuleux qu'il se plaisait jadis à prédire se substitue peu à peu l'avenir, chaotique et imprévisible, dessiné par les conséquences incontrôlées de ses décisions. Comme l'exprime Bruno Latour[1], l'humanité ne se projette plus vers le futur : c'est cet à venir qui se projette vers elle. Et, dans ces conditions, on dirait que Pascal ne sait plus où il va.

D'un côté, il continue de surfer sur des innovations technologiques de plus en plus spectaculaires, bien que celles-ci aient perdu le vernis philanthropique de ses jeunes années, quand la Silicon Valley était le temple du cool et se fixait pour mission de rendre le monde meilleur. Désormais, Pascal innove davantage

1. Philosophe, anthropologue et sociologue des sciences et des techniques, Bruno Latour est l'auteur d'une œuvre sur la crise écologique qui a inspiré une nouvelle génération d'intellectuels, d'artistes et de militants.

par obligation, pour ne pas être distancé par la concurrence, sans toujours être capable de dire à quel besoin répondent les solutions qu'il finance : une intelligence artificielle (IA) pour écrire des articles ou des histoires à notre place, des algorithmes lisant dans nos pensées à partir d'une imagerie cérébrale, des puces dans le cerveau pour augmenter nos capacités cognitives… Face à ces progrès de science-fiction, notre décideur oscille entre inquiétude et fascination.

De l'autre côté, Pascal se veut plus responsable, plus soucieux de l'impact qu'auront ses décisions sur le climat et la biodiversité. Le mot d'ordre est d'éviter l'ingérable et de gérer l'inévitable. Mais plus il s'informe, mieux il comprend l'ampleur du problème, qui s'apparente à un puits sans fond et exige des changements de trajectoire radicaux en un laps de temps très court, de sorte qu'il finit par penser que l'ingérable est inévitable – un fatalisme qui le pousse étrangement à poursuivre son activité comme si de rien n'était, en espérant qu'une solution miraculeuse viendra le tirer de ce mauvais pas.

Alors, à force, oui, le décideur en perd sa boussole. Le futur dessiné par nos prouesses technologiques et l'avenir dessiné par les conséquences de notre activité sur le système Terre sont-ils condamnés à s'opposer comme deux réalités concurrentes ? Ou doit-on apprendre à les voir comme deux faces complémentaires d'une même histoire ?

Plutôt que de faire le procès de Pascal, tâchons de comprendre son dilemme.

2.

Deux exponentielles face à face

Quand Pascal doit prendre une décision, son regard est tourné vers le futur. Quand il se forme à l'intelligence artificielle, il fait le pari qu'à l'avenir cette compétence va devenir indispensable. Quand il contracte un crédit pour acheter un bien immobilier, il fait le pari que les prix continueront d'augmenter après son acquisition.

Chaque décision est un *pari* sur l'avenir.

Or Pascal est un parieur méthodique : il ne spécule pas à l'intuition. Chacune de ses hypothèses doit être étayée par des statistiques, des analyses de tendances, des études de marché… Cela n'a rien d'un jeu de hasard. Le futur est une extrapolation linéaire des dynamiques à l'œuvre dans le présent, lesquelles sont observables à condition de collecter un maximum de données et de tracer toutes sortes de courbes allant d'hier à aujourd'hui. Dès lors, il ne reste plus qu'à prolonger ces courbes pour obtenir un futur probable.

Or, depuis plusieurs années, cette méthode ne permet plus à Pascal de formuler des prédictions cohérentes. C'est comme

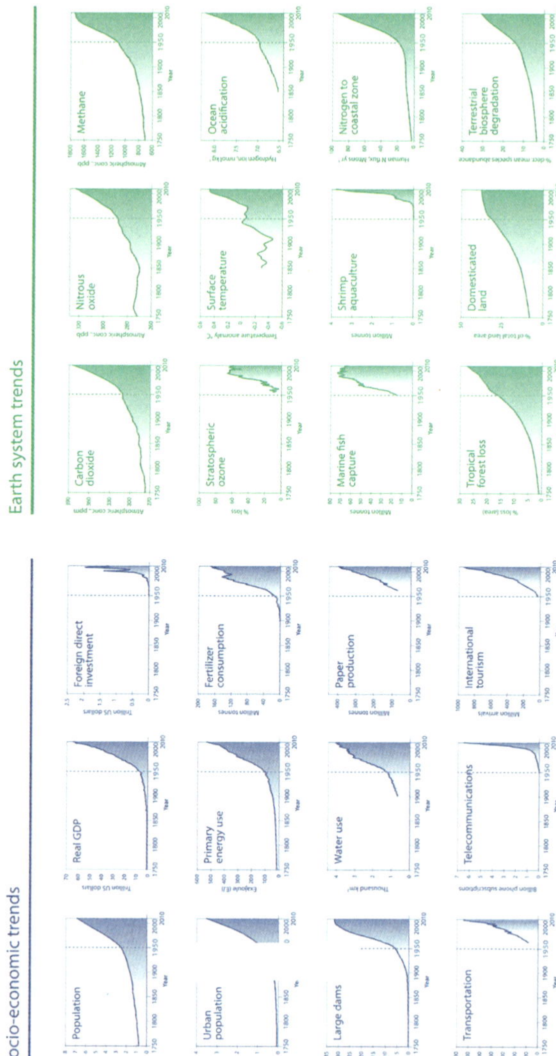

Figure 1. Tendances socio-économiques *vs* tendances du système Terre (Steffen et al. 2015).

si ces courbes statistiques dessinaient en permanence deux prophéties irréconciliables, deux récits parallèles du monde à venir. Ou plutôt, pour parler le langage des données : deux groupes d'exponentielles, face à face (*Figure 1*).

D'une part, celles – en bleu – d'une économie dont le principe est de croître indéfiniment : en volume, en nombre d'habitants, en superficie des villes, en PIB, en transports de biens et de personnes, en consommation de ressources... Puisque le fonctionnement de nos sociétés repose sur l'hypothèse d'une croissance infinie, si ces exponentielles s'arrêtent, tous les mécanismes de l'économie se grippent : inflation, taux d'intérêt, investissement, emploi, dette, services publics...

D'autre part, celles – en vert – de l'empreinte de cette économie : les pollutions et déchets qu'elle génère, sa consommation de matières premières et d'énergie, le tout provoquant une déstabilisation du système Terre[1] : gaz à effet de serre dans l'atmosphère (CO_2 et méthane notamment), afflux d'azote sur les zones côtières (algues vertes), perte de biodiversité, acidification des océans... Ces phénomènes aussi connaissent une croissance exponentielle, directement proportionnelle à celle de notre économie. Si bien qu'il a fallu inventer un terme pour désigner cette période, caractérisée par un impact significatif, global et brutal des activités humaines sur la biosphère, l'atmosphère, la lithosphère et l'hydrosphère : c'est l'*anthropocène*.

En toute logique, Pascal devrait en déduire que les exponentielles bleues ont une date de péremption, fixée par ce que le

1. La science du système Terre est l'application de la science des systèmes à la Terre. Elle étudie les interactions et rétroactions entre les différents sous-systèmes de la Terre : l'atmosphère, l'hydrosphère (ensemble des zones où l'eau est présente), la lithosphère (enveloppe solide comprenant la croûte terrestre et une partie du manteau supérieur) et la biosphère (ensemble des écosystèmes, correspondant à la fine couche de l'atmosphère, de l'hydrosphère et de la lithosphère où la vie est présente).

système Terre est capable d'encaisser sans devenir inhabitable. À vrai dire, nous n'avons pas attendu Pascal pour en arriver à cette conclusion. En 1972, des chercheurs du MIT ont créé un modèle informatique permettant de simuler les effets d'une croissance infinie sur les ressources – finies – disponibles sur Terre. Et ils en ont déduit, dans leur célèbre rapport Meadows sur *Les Limites à la croissance*[1], que la date d'expiration de ces exponentielles se situerait dans la première moitié du XXIe siècle.

Pascal s'est renseigné sur le rapport Meadows et reconnaît qu'il s'agit d'un travail rigoureux, dont les résultats restent étonnamment valables cinquante ans plus tard. Mais une autre part de lui s'interdit de croire à l'hypothèse d'un effondrement à venir : l'Histoire est jonchée de prophètes de malheur et d'apocalypses remises à plus tard. L'humanité s'en sortira, comme toujours. Comment, on ne le sait pas encore, mais une chose est sûre : ce sera grâce au *progrès technique*, cette bonne étoile qui l'a toujours tirée des mauvais pas depuis l'aube des temps.

Autant le dire d'emblée, nous devons tout à la technologie : notre confort, notre santé, l'assujettissement du monde à nos moindres désirs. La croissance exponentielle de l'économie lui est essentiellement imputable, depuis la première révolution industrielle jusqu'à la dernière, de la machine à vapeur aux machines pensantes. En 1942, l'économiste Joseph Schumpeter théorisait ce pouvoir surnaturel du progrès sur la croissance à travers le concept de *destruction créatrice* : schématiquement, l'humain inventera demain de quoi remplacer ce qu'il créait hier, générant ainsi plus de valeur, pour les siècles des siècles.

Depuis cinquante ans, une région incarne à elle seule cette promesse illimitée du progrès technique : la Silicon Valley, véritable

1. *Halte à la croissance ?*, Fayard, 1972 ; *Les Limites à la croissance (dans un monde fini) : Le rapport Meadows, 30 ans après*, Rue de l'Échiquier, 2012.

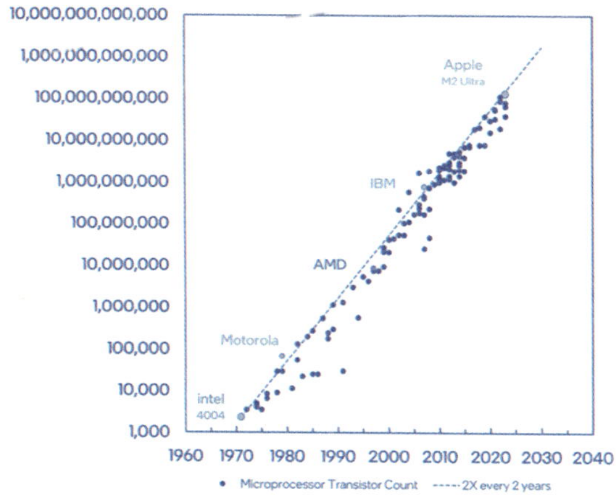

Figure 2. La loi de Moore telle que toujours vérifiée en 2024, représentée ici sur une échelle logarithmique : la linéarité des points traduit une croissance exponentielle (source : Bits and Bytes).

locomotive tirant toute l'économie mondiale derrière elle. La baie de San Francisco fut baptisée ainsi en 1971 – année de l'invention du microprocesseur – et, dès lors, son succès planétaire reposa sur une prophétie diamétralement opposée à celle du rapport Meadows, rédigé au même moment : la croissance exponentielle de l'économie allait pouvoir se poursuivre à l'infini, quelles que soient les limites matérielles du monde physique. Le progrès technique allait générer une abondante valeur *immatérielle*, à un rythme toujours plus rapide, nous garantissant perpétuellement un temps d'avance sur le chaos du monde. Il n'existerait jamais de problème insoluble par la technologie.

Cette promesse reposa très vite... sur de nouvelles exponentielles. La fameuse loi de Moore, pour commencer, laquelle n'est pas une loi mais une prophétie marketing formulée par Gordon Moore, alors fondateur d'Intel, prédisant que la puissance de calcul des semi-conducteurs, à coût constant, doublerait tous les deux ans[1]. Prophétie devenue auto-réalisatrice, grâce aux capitaux qu'elle permit d'attirer dans la Silicon Valley: elle se vérifia ainsi pendant plus de cinquante ans, se traduisant par des gains de productivité colossaux (*Figure 2*).

Au début du XXIe siècle apparut une seconde prophétie, à l'origine de ce qu'on appelait alors le Web 2.0 et de son modèle d'affaires : l'économie de l'attention. Celle-ci prédisait une croissance exponentielle du volume de données générées par l'humanité, donc, de fait, stockées par les entreprises californiennes. Un nouvel or noir qu'il fallait extraire massivement, jusqu'à la dernière goutte. Avec l'essor des réseaux sociaux, chaque internaute se mit à téléverser ses données personnelles dans de lointains data centers, en échange de la seule promesse d'attirer quelques secondes d'attention sur lui (*Figure 3*).

Cette seconde exponentielle, combinée avec la première, permit l'émergence d'une troisième prophétie : avec cette puissance de calcul inépuisable et toutes ces données pour entraîner les modèles, la capacité des systèmes informatiques à imiter l'intelligence humaine allait croître à son tour de manière exponentielle. On prédit l'avènement d'une intelligence artificielle qui ne se limiterait plus à décupler la productivité humaine mais s'en affranchirait purement et simplement, même sur les tâches les plus complexes, créatives ou décisives.

Ainsi, depuis des décennies, ces trois croissances exponentielles cumulées – puissance de calcul, volume de données exploitables et intelligence artificielle – en nourrissent une quatrième : celle de la capitalisation boursière des entreprises *big tech* californiennes – très vite imitées par leurs homologues

1. La prophétie exacte postule le doublement du nombre de transistors présents sur une puce de microprocesseur tous les deux ans. Cependant, la promesse implicite est bien la traduction de cette augmentation exponentielle en puissance de calcul.

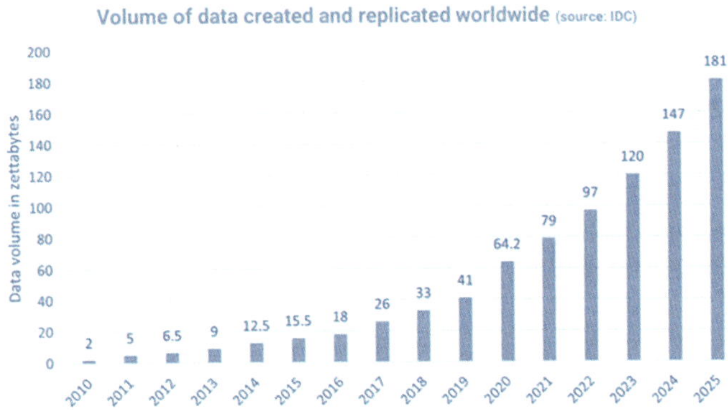

Figure 3. Volume des données créées et répliquées à l'échelle mondiale (source : IDC).

chinoises –, qui disposent ainsi de fonds inépuisables pour continuer d'accomplir leurs prophéties... tout en assurant que cette croissance est *verte* et *durable* : les exponentielles bleues tendent à se découpler[1] des exponentielles vertes. Notre technosphère[2] peut donc croître indéfiniment, sans nous empêcher de réduire nos émissions de gaz à effet de serre ou le déclin de la biodiversité. Ce miracle, nous le devons à la *destruction créatrice*.

Pascal aimerait bien y croire mais, dans les faits – et sur ses courbes –, il ne décèle à ce jour aucune trace de ce découplage

1. Le découplage désigne la décorrélation de deux phénomènes économique et physique autrefois corrélés. Par exemple, si on démontre sur une période significative que les émissions de CO_2 restent stables tandis que le PIB mondial croît de 2 % par an, on dit qu'il y a « découplage » du PIB et des émissions de CO_2.

2. La technosphère est un concept créé par Vladimir Vernadsky, pour ajouter aux sphères « naturelles » du système Terre – atmosphère, lithosphère, hydrosphère et biosphère – une sphère « artificielle » qui désigne la partie physique de notre environnement affectée par les modifications d'origine anthropique, et regroupe donc l'ensemble des objets et des systèmes techniques sur Terre ainsi que les déchets et pollutions qui en résultent.

annoncé. Loin d'être *immatérielle*, la croissance de notre technosphère est bien tangible, mesurable à sa masse : depuis 2020, elle pèse officiellement plus lourd que la biomasse[1]. Il faut prendre un moment pour laisser infuser cette information : la somme de toutes les choses inertes fabriquées par l'espèce humaine – voitures, data centers ou déchets – pèse plus lourd que la somme de tous les êtres vivants – humains, vaches ou forêts. Et l'écart se creuse chaque année : notre technosphère prend du poids, tandis que la biosphère en perd, du fait du recul des espaces naturels sous la pression de l'urbanisation, de la déforestation ou de la pêche, de l'agriculture et de l'élevage intensifs.

À l'échelle systémique, la destruction créatrice est ainsi difficile à observer dans les faits : plutôt que se substituer à l'*ancien*, le *nouveau* s'y accumule le plus souvent. Ce phénomène concerne même la transition énergétique, l'un des domaines où les bienfaits du progrès technique – pour exploiter l'énergie du Soleil, du vent ou de l'eau – sont les plus indiscutables. À l'échelle globale, en dépit d'une croissance exponentielle de l'offre énergétique renouvelable, les données montrent pour l'instant que cette énergie vient *s'ajouter* aux sources d'énergie fossile plutôt qu'elle ne s'y substitue. Nous battons encore, chaque année, des records de consommation de pétrole et de gaz naturel dans le monde. La *création* est bien là, mais la *destruction* tant espérée se fait attendre.

Certes, les dernières études de l'Agence internationale de l'énergie (AIE) prédisent un pic pour toutes les énergies fossiles d'ici à 2030 (*Figure 4*), donc une hausse significative de la part des sources renouvelables dans le mix énergétique mondial, mais elles prévoient aussi que la consommation de pétrole restera aux alentours de 100 millions de barils par jour jusqu'en 2050, soit

---

1. La biomasse désigne la masse totale de la matière organique d'origine végétale ou animale présente sur Terre – biomasse aquatique comprise.

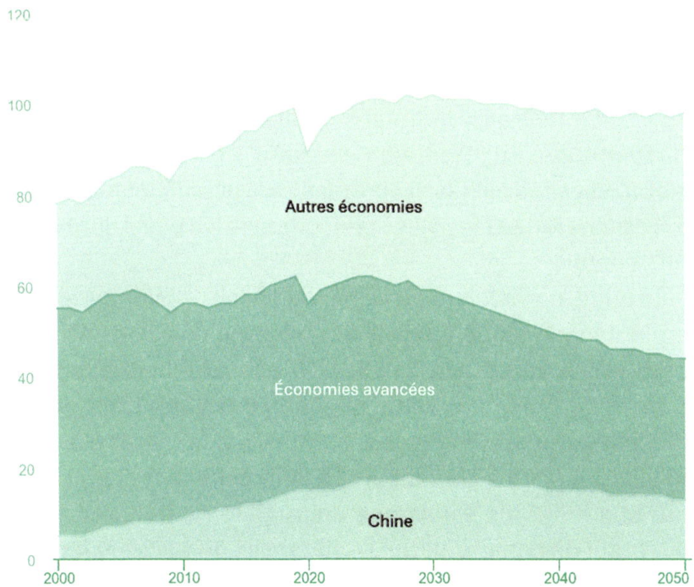

Figure 4. Demande de pétrole en millions de barils par jour, prévisions du World Energy Outlook 2023 selon le scénario « Stated Policies » correspondant à l'état des politiques actuel (source : AIE).

3 à 4 fois plus que nécessaire pour demeurer sous la barre fatidique des 2 °C de réchauffement[1]. Difficile, dans ces conditions, d'imaginer poursuivre durablement nos exponentielles bleues tout en évitant l'ingérable.

En outre, la baisse de la demande en énergie fossile qui s'amorce dans les économies avancées est expliquée en partie

1. À titre de comparaison, les scénarios les plus ambitieux de l'AIE, permettant de garder une chance raisonnable de rester en dessous de la barre des 2 °C, impliquent de faire chuter la production de plus de 70 %, pour atteindre entre 24 et 30 millions de barils par jour en 2050.

– pour environ un tiers – par leur désindustrialisation, ce qui signifie que l'argument «*si tout le monde faisait comme nous, le découplage serait réel*» ne tient pas, car *si tout le monde faisait comme nous*, l'immense majorité des objets que nous consommons au quotidien seraient en rupture de stock. Nos croissances faibles et «propres» ont pour l'instant besoin de croissances fortes et «sales» pour produire les biens dont dépend notre confort.

En outre, non seulement ce découplage prévisionnel est d'une ampleur insuffisante, mais il ne concerne que deux variables: le PIB et les émissions de CO_2. Or nos exponentielles vertes ne se limitent pas à la seule question des gaz à effet de serre. Le réchauffement climatique est l'une des 9 frontières planétaires modélisées par les chercheurs Johan Rockström et Will Steffen pour quantifier les seuils que l'humanité ne doit pas franchir pour éviter de compromettre l'habitabilité du système Terre et sa capacité à se régénérer. Et sur les 8 frontières restantes, 5 sont également dépassées (*Figure 5*).

La perturbation des cycles biogéochimiques de l'azote et du phosphore entraîne une pollution de l'eau par les nitrates, la prolifération d'algues vertes et l'anoxie[1] des océans.

Le dérèglement du cycle de l'eau multiplie les risques de sécheresse, d'inondations, et pourrait transformer une partie de l'Amazonie en savane.

Le changement d'utilisation des sols – 38 % des forêts de l'ère préindustrielle ont disparu au profit d'espaces urbains ou agricoles – accentue la perte de biodiversité, les émissions de gaz à effet de serre et les risques d'inondations.

L'érosion de la biodiversité fait s'éteindre des espèces et des écosystèmes entiers, à cause du changement climatique, de la prolifération d'espèces invasives permise par la mondialisation,

1. Absence d'oxygène, entraînant une diminution de la biodiversité marine.

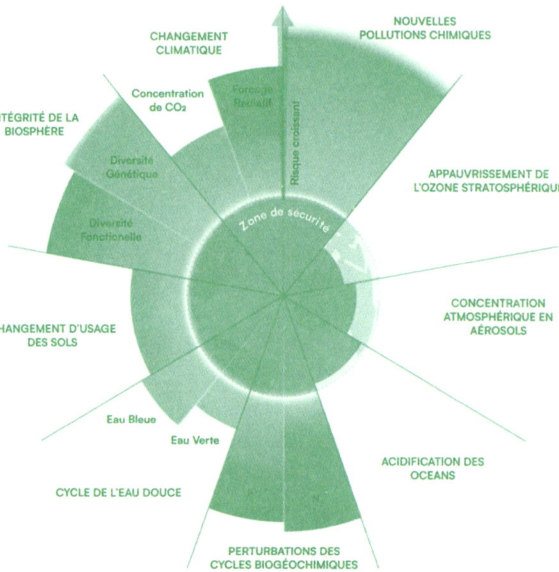

Figure 5. Schéma des 9 frontières planétaires réalisé par le Stockholm Resilience Center (traduction : bonpote.com). En plus des 6 frontières d'ores et déjà dépassées, celle liée à l'acidification des océans – lesquels transforment le surplus de CO_2 qu'ils absorbent en acide carbonique – devrait l'être d'ici à 2050.

ainsi que de la dégradation, de la fragmentation et de la pollution des habitats naturels.

L'introduction d'entités nouvelles dans la biosphère, enfin, aboutit à ce qu'il ne reste plus le moindre centimètre carré sur Terre sans trace de la société thermo-industrielle – polymères plastiques, radiations, polluants éternels, etc.

Quand bien même il négligerait toutes ces dimensions pour ne s'intéresser qu'au CO_2, Pascal commence à avoir du recul sur ces promesses de découplage formulées par nos locomotives technologiques ; ci-après (*Figure 6*) figurent par exemple les

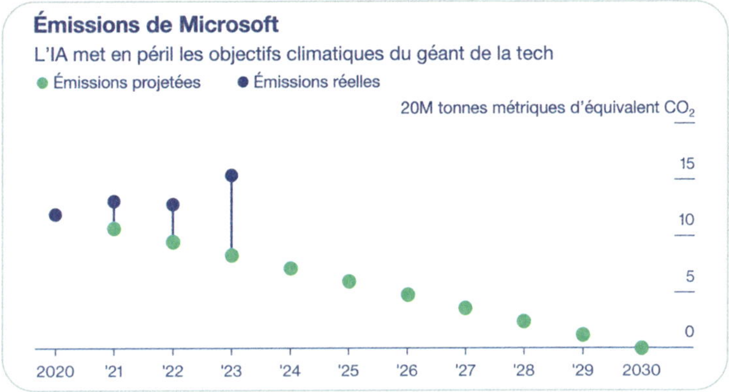

Figure 6. Comparaison du plan de réduction des émissions publié par Microsoft en 2020, visant la « neutralité carbone » en 2030, et de son rapport d'émissions publié en 2024.

émissions de gaz à effet de serre projetées en 2020 par Microsoft, comparées avec les émissions réelles constatées ces dernières années. Non seulement elles sont loin de suivre la trajectoire annoncée, mais elles augmentent même assez nettement en 2023, à cause de la ruée vers l'IA générative.

3.

Deux prophéties inéluctables ?

Après avoir consulté toutes ces données, Pascal nage en plein dilemme.

D'un côté, les cabinets de conseil et les experts de la presse économique semblent confiants dans l'idée que la technologie va résoudre ces crises, comme elle a résolu les précédentes. L'heure n'est pas à tergiverser : il faut accélérer sans hésiter vers la révolution des NBIC[1], dont l'IA est le porte-étendard. Une renaissance prométhéenne, au potentiel économique illimité. Un festin auquel il faut s'empresser de prendre part.

D'un autre côté, Pascal lit les résumés des derniers rapports du GIEC à l'intention des décideurs, achète la BD de Jean-Marc Jancovici[2], réalise une fresque du climat[3]... et là, on lui démontre

1. Nanotechnologies, biotechnologies, technologies de l'information et sciences cognitives.

2. *Le Monde sans fin*, de Christophe Blain et Jean-Marc Jancovici, Dargaud, 2021.

3. La Fresque du Climat (fresqueduclimat.org) est un atelier de trois heures, conçu pour permettre aux individus et aux organisations de s'approprier le défi de l'urgence climatique.

clairement que ses décisions nous précipitent dans une impasse et qu'il faut plutôt ralentir d'urgence pour faire atterrir notre économie. Sinon, ce sera l'atterrissage forcé, nettement plus brutal. Une fin de l'abondance énergétique et matérielle, à laquelle il vaut mieux s'adapter par anticipation plutôt qu'une fois devant le fait accompli.

Le plus difficile, c'est que ces deux visions de l'avenir se présentent comme inéluctables.

Selon Yuval Noah Harari, il est impossible d'échapper à la fuite en avant technologique, vers l'infini et au-delà. Dans *Homo Deus, une brève histoire du futur*[1], l'auteur prévient : « Au XXIe siècle, le train du progrès sort à nouveau de la gare, et ce sera probablement le dernier train à quitter la gare *Homo sapiens*. Ceux qui loupent le train n'auront jamais de seconde chance. »

Même son de cloche chez Mustafa Suleyman, le fondateur de Deepmind[2], qui, tout en appelant à contenir ces technologies dont « les implications [...] pousseront l'humanité à naviguer sur une route étroite entre les pôles de la catastrophe et de la dystopie », établit leur inévitabilité car « notre appétit pour l'invention est insatiable[3] ».

En France, on retrouve les mêmes éléments de langage. Pour le psychiatre Raphaël Gaillard, auteur de *L'Homme augmenté*, « la question n'est pas de savoir si l'augmentation de l'homme par la technologie est possible. Cette révolution qui voit s'hybrider l'être humain et la technologie par des interfaces cerveau-machine est déjà en marche ». La seule question valable

---

1. *Homo Deus, une brève histoire du futur*, de Yuval Noah Harari, Albin Michel, 2017.

2. Deepmind est une société d'IA rachetée par Google en 2014, connue notamment pour avoir conçu AlphaGo, le programme qui a battu en 2016 le champion du monde Lee Sedol au jeu de go.

3. *La Déferlante : Technologie, pouvoir et le dilemme majeur du XXIe siècle*, de Mustafa Suleyman et Michael Bhaskar, Fayard, 2023.

est donc celle-ci : « Comment accompagner au mieux ce mouvement inéluctable[1] ? »

Ces mots sont d'autant plus convaincants qu'ils proviennent d'auteurs nuancés, dont les ouvrages énumèrent avec lucidité les risques et les dérives potentielles de cette fuite en avant. On ne parle pas ici de techno-optimistes purs et durs, comme ceux que Pascal rencontrera plus loin dans cet ouvrage, à l'occasion d'un voyage dans la Silicon Valley. Et si le décideur ressent un léger malaise à l'idée d'un « progrès inéluctable », notion pour le moins paradoxale, il serait toutefois déraisonnable de penser que tous ces intellectuels ont tort.

Sauf que la descente énergétique et matérielle ne semble pas optionnelle non plus. En 2022, soit cinquante ans après la parution du rapport *Les Limites à la croissance*, Dennis Meadows déclarait : « En 1972, nous avions encore une chance de ralentir ce processus [de dégradation des ressources naturelles], du moins théoriquement, et de garder la démographie et la consommation à des niveaux soutenables. Ce n'est plus possible. Nous sommes déjà bien au-dessus de ces limites. D'une manière ou d'une autre, les caractéristiques physiques de notre société vont décliner[2]. » La même année, Jean-Marc Jancovici abondait : « On ne peut pas violer les faits. On paie maintenant ou on paiera plus tard, mais qu'on le veuille ou non, la contraction de l'économie est un fait qui s'impose à nous. Donc les dirigeants doivent le préparer, l'organiser et développer là-dessus un discours porteur de sens[3]. »

Face à ce constat, Bruno Latour résume dans son livre *Où atterrir ?*[4] le dilemme qui se présente à Pascal, comme à nous tous :

---

1. *L'Homme augmenté*, de Raphaël Gaillard, Grasset, 2024.
2. https://reporterre.net/Dennis-Meadows-Il-y-a-deux-manieres-d-etre-heureux-avoir-plus-ou-vouloir-moins
3. https://revuelimite.fr/jean-marc-jancovici-quon-le-veuille-ou-non-la-contraction-de-leconomie-simpose-a-nous
4. *Où atterrir ? Comment s'orienter en politique*, de Bruno Latour, La Découverte, 2017.

«Est-ce que nous continuons à nourrir des rêves d'escapade ou est-ce que nous nous mettons en route pour chercher un territoire habitable pour nous et nos enfants ? Ou bien nous dénions l'existence du problème, ou bien nous cherchons à atterrir.»

Le déterminisme invoqué ici est celui des lois de la physique : dans le système Terre, auquel Pascal et nous autres appartenons, les exponentielles infinies n'existent pas. Toute croissance – d'une population d'animaux, de plantes ou de bactéries – est plafonnée par une capacité de charge de son milieu. Ainsi, les courbes exponentielles – en forme de J – se transforment tôt ou tard en courbes sigmoïdes, dites logistiques – en forme de S (*Figure 7*) –, lorsque cette capacité de charge est atteinte. Or ce qu'indique le dépassement de 6 frontières planétaires sur 9, c'est que la croissance de notre technosphère excède déjà la capacité de charge du système Terre. Il n'est pas déraisonnable d'en conclure qu'à l'avenir, nos courbes bleues subiront une *régression logistique* : une correction nécessaire pour passer d'une forme exponentielle à une forme sigmoïde, compatible avec les équilibres dynamiques de notre milieu naturel.

Fuite en avant technologique ou *régression logistique* : en confrontant ces deux prophéties, Pascal constate qu'elles ne sont pas «inéluctables» pour les mêmes raisons. Quand la seconde se présente comme telle à cause des lois qui régissent le monde physique, la première prétend l'être à cause de nos règles du jeu, présumées immuables, et d'une flèche du progrès qui irait inexorablement toujours dans le même sens – par définition le bon. Pour reprendre un célèbre slogan, la régression logistique est inévitable car *il n'y a pas de planète B*. Alors que la fuite en avant technologique est inévitable car *il n'y a pas de système B*, de contre-proposition crédible au sens actuel du progrès technique. Et le comble, c'est que nous semblons trouver plus raisonnable d'allouer nos capitaux, nos plus brillants cerveaux et

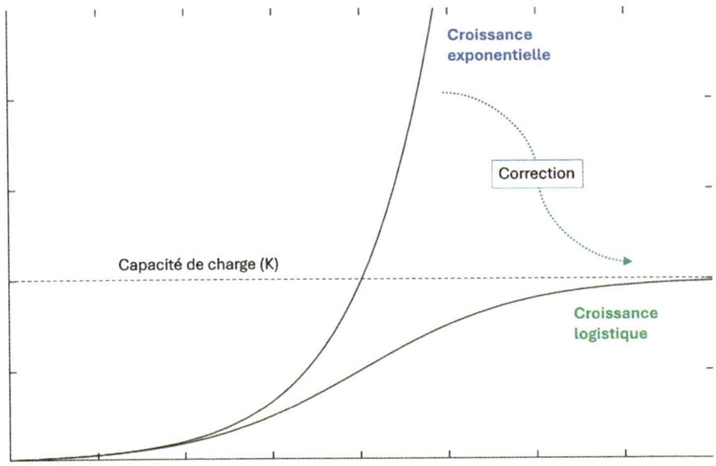

Figure 7. Croissance exponentielle *vs* croissance logistique : une correction inéluctable ?

l'essentiel de notre temps à la colonisation d'une *planète B* qu'à nous mettre autour d'une table pour concevoir ce que pourrait être un *système B*, compatible avec la seule planète habitable à notre connaissance.

4.

Accélérer ou atterrir

Pascal se trouve à la croisée des chemins. On ne cesse de lui répéter qu'il n'a *pas le choix* mais, en tant que décideur, il va bien falloir qu'il parie sur le futur le plus probable et qu'il s'y tienne, pendant plusieurs années, afin de pouvoir prendre des décisions en cohérence. Et le plus tôt sera le mieux car, d'un côté comme de l'autre, toutes les personnes raisonnables s'accordent à dire que l'obsolescence de son monde est programmée. Quoi qu'il advienne, machines qui pensent ou fin d'abondance, demain n'aura plus rien à voir avec aujourd'hui. Au nom d'un futur sûr et maîtrisé, le progrès technique a permis à Pascal et ses prédécesseurs de construire une technosphère suroptimisée, parfaitement adaptée à nos besoins, mais *hors sol*, insoutenable et de plus en plus difficile à maîtriser.

À présent, deux options s'offrent à lui : *accélérer* ou *atterrir* (*Figure 8*).

Faire *accélérer* notre technosphère – vers quoi, personne ne saurait le dire – dans l'espoir qu'elle décolle pour de bon, s'affranchisse des limites de la Terre et de ses contraintes, en prenant systématiquement de vitesse les conséquences des désastres

Figure 8. Pascal en plein dilemme : doit-il accélérer ou atterrir ?

qu'elle cause. Ou la faire *atterrir* – comment, c'est toute la question – pour la réinscrire dans les frontières planétaires, la réconcilier avec la biosphère, voire la faire agir en symbiose avec les écosystèmes.

Pour le dire autrement : étant admis que nos règles du jeu sont incompatibles avec les lois de la physique, alors Pascal doit se préparer à faire un choix. Soit il estime que nos règles du jeu sont non négociables et que l'humanité doit faire tout ce qui est en son pouvoir pour que les lois de la physique s'y adaptent – il prend donc l'option d'*accélérer*. Soit il estime que les lois de la physique sont non négociables et que l'humanité doit faire tout ce qui est en son pouvoir pour que ses règles du jeu s'y adaptent – il prend donc l'option d'*atterrir*.

En décideur réfléchi, Pascal prend le temps de lire et d'écouter les arguments des deux camps. Puisqu'ils évoluent dans des bulles de filtres[1] bien distinctes, il trouve malheureusement peu de débats confrontant ces deux visions de la science, de l'anthropocène, des relations entre humains, nature et machines... Alors Pascal doit les faire dialoguer en pensée.

Chez les partisans de l'accélération, la science est résolument tournée vers la performativité : la technologie prime sur la connaissance, *Homo faber* sur *Homo sapiens*. La destinée humaine est de transformer le monde par la technique. L'anthropocène ne justifie en rien de remettre en question ce projet, puisqu'il est vu comme un problème de *moyens* : l'humanité a créé un système sur-optimal, ultra-performant mais devenu trop rapide, trop complexe et perfectionné pour elle, en tout cas impossible à gérer par sa seule intelligence – celle-ci étant limitée par sa condition biologique. Après avoir soumis la biosphère à sa quête de performances, l'humain est désormais l'ultime maillon faible qui ne suit pas la cadence. Toutes les crises ont pour cause racine notre sous-optimalité en regard de la *mégamachine*, parfaitement huilée, que nous avons construite. La solution ? Toujours plus de technologie, que ce soit pour augmenter l'homme – intelligence artificielle, interfaces homme-machine – ou pour rendre le système autonome, en lui permettant d'optimiser sa consommation énergétique et matérielle en temps réel.

Chez les partisans de l'atterrissage, Pascal constate une vision plus descriptive et prescriptive de la science, ayant pour dessein la décision éclairée : la connaissance prime sur la technologie, *Homo sapiens* sur *Homo faber*. L'anthropocène y est vu comme un problème de *finalités*, pas de *moyens* : si, par miracle, demain tous nos camions, chalutiers de fond, pesticides, métropoles bétonnées, avions, engins de déforestation, yachts, mines à ciel

1. Le terme « bulle de filtres » désigne le filtrage algorithmique personnalisé de l'information qui parvient à chaque internaute, et l'état d'isolement intellectuel et culturel qui en résulte (chacun n'étant confronté qu'à des opinions similaires ou polarisées, le confortant dans son point de vue).

ouvert, déchets plastique, data centers et autoroutes étaient constitués de matériaux intégralement recyclables et sans émettre un seul gramme de CO_2, nos indicateurs chiffrés présenteraient le problème comme résolu, mais on comprend aisément qu'il serait loin de l'être. La cause racine de la polycrise est précisément notre course à la performance, qui soumet la biosphère – tous les êtres vivants, dont nous-mêmes – à des cadences infernales, imposées par notre technosphère suroptimisée. Ainsi, notre sous-optimalité, plutôt que comme le cœur du problème, peut être vue comme un antidote car, dans la biosphère, la capacité d'un organisme vivant à survivre et s'adapter à des conditions fluctuantes – sa *robustesse* – s'obtient toujours au détriment de sa *performance*[1]. Par exemple, le système immunitaire d'un être humain atteint ses performances maximales autour de 40 °C, température qu'il n'atteint que très exceptionnellement, en cas de maladie – c'est sa sous-optimalité quotidienne qui garantit l'efficacité de sa réponse face à la crise. Or si Pascal peut être certain d'une chose à propos du monde à venir, c'est que celui-ci sera plus *fluctuant*, plus en *crise* que jamais – la *robustesse* de notre système techno-économique va donc revêtir un enjeu nettement plus vital que sa performance.

À la fin de ce dialogue imaginé, Pascal est pris de vertige : impossible de trouver une position médiane, consensuelle, entre ces deux visions diamétralement opposées. D'habitude, il déniche toujours une issue honorable à ce genre de conflits : « J'ai bien écouté les arguments de chaque camp, et j'en ai déduit une solution qui devrait satisfaire raisonnablement l'un et l'autre. » Ici, la synthèse apparaît improbable, tant la divergence est profonde et sa portée vertigineuse.

---

1. Lire à ce sujet l'excellent ouvrage *Antidote au culte de la performance. La robustesse du vivant*, d'Olivier Hamant, directeur de recherche à l'INRAE, Gallimard, coll. « Tracts », 2023.

Toutefois, il constate que les partisans de l'accélération et ceux de l'atterrissage s'accordent au moins sur une chose : les principaux risques existentiels qui pèsent sur l'humanité[1] sont tous en rapport avec notre usage irréfléchi de la technologie. Et si c'était dans ce lien paradoxal au progrès que Pascal allait trouver la clé de son dilemme ?

D'un côté, même pour les partisans de l'accélération, la technologie peut être une pierre philosophale – capable de tout transformer en or et d'offrir la vie éternelle – autant qu'une boîte de Pandore – portant en elle la possibilité de tous les maux, de la guerre au vice en passant par la folie. Ainsi, Pascal repense à cette route étroite « entre catastrophe et dystopie » sur laquelle devra avancer l'humanité, selon Mustafa Suleyman. Il repense à ces « rêves d'escapade » qu'évoquait Bruno Latour et dont les décideurs des *big tech* sont notoirement friands : terraformation de Mars, îles privées ou territoires autosuffisants près des pôles, bunkers techno-survivalistes... Il repense aux œuvres de science-fiction dont ces « rêves » sont issus, à toutes les « sorties de route » du progrès technique – catastrophes ou dystopies – qu'elles ont imaginées, ou anticipées.

De l'autre côté, même un partisan de l'atterrissage, tout en refusant l'assertion selon laquelle nos technologies pourront tout résoudre, reconnaît la nécessité d'un certain progrès technique face aux défis qui attendent notre civilisation. Pour *atterrir* dans les meilleures conditions, il y aurait paradoxalement besoin d'*accélérer* certaines innovations technologiques et d'en *ralentir* d'autres. Or, ce discernement, l'humanité moderne en semble incapable.

Pascal, après mûre réflexion, est convaincu que le fond du problème se trouve là. En décideur rationnel, il en conclut

1. Voir par exemple le top 5 des risques à court terme identifiés par le *Global Risks Report* publié en 2024 par le World Economic Forum : désinformation en ligne, événements météorologiques extrêmes, polarisation sociétale, cyberattaques et menace nucléaire dans les conflits armés.

qu'entre les deux finalités proposées, *accélérer* ou *atterrir*, la seconde lui paraît plus raisonnable, plus en ligne avec cette nécessité de reprendre la maîtrise du progrès technique. En définitive, il se fait très peu d'illusions sur l'accélération : non seulement elle échouera probablement tôt ou tard, mais alors, il n'y aura pas pour lui de place attitrée sur Mars ni d'île privée pour l'attendre… Et, de toute manière, il a toujours trouvé ces rêves d'escapade assez tristes et saugrenus. Pour toutes ces raisons, c'est décidé, Pascal choisit l'atterrissage.

5.

Dilemme du prisonnier

Du moins, c'est ce qu'il choisirait s'il pouvait se concerter avec les autres décideurs. Car le problème, c'est que Pascal n'est pas tout seul. Ainsi, une fois sa décision prise, il observe ses concurrents... et ne perçoit chez eux aucune volonté manifeste d'atterrir. Peut-être qu'en privé beaucoup se posent les mêmes questions que lui, commandent les mêmes études, aux mêmes cabinets de conseil et de prospective. Mais, extérieurement, rien ne transparaît. Certains parlent çà et là de responsabilité sociétale des entreprises (RSE), de développement durable, font des promesses qui n'engagent à rien, quand ils ne pratiquent pas un *greenwashing* décomplexé. Et chacun sait que le premier à s'engager franchement vers l'atterrissage perdra en compétitivité par rapport à ses concurrents, qui, à coup sûr, s'engouffreront dans cette brèche pour gagner des parts de marché ou de l'attractivité auprès des investisseurs.

Quand bien même Pascal ne se laisserait pas intimider, repenserait son modèle économique pour que son chiffre d'affaires soit indexé sur la santé des écosystèmes dont il dépend, cela n'aurait qu'un impact infime tant que sa chaîne de valeur – ses clients et fournisseurs, les clients de ses clients, les fournisseurs de ses fournisseurs, etc. – ne suit pas le mouvement. Or, ce matin encore, le directeur Innovation de son principal fournisseur est passé sur BFM Business pour expliquer comment l'IA générative allait décupler sa productivité.

Même si Pascal réussissait par miracle à embarquer ses principaux clients et fournisseurs avec lui, ce serait, au mieux, à l'échelle de la France ou, rêvons un peu, de l'Europe. Et pendant ce temps, en Chine ou aux États-Unis, la fuite en avant technologique se poursuivrait et finirait malgré tout par s'imposer à Pascal, qui serait de fait complètement distancé.

Ces règles du jeu, il pourrait tenter de les modifier par le droit, en tant que législateur. Mais même s'il proposait une régulation consensuelle, sur l'intelligence artificielle par exemple, sa juridiction se trouverait toujours en concurrence avec celle des législateurs d'autres régions du monde, dont le laxisme attirerait les capitaux d'investisseurs en recherche d'hyper-croissance, qui renforceraient ainsi leur pouvoir d'influence.

Pour toutes ces raisons, Pascal est victime du *dilemme du prisonnier* : un concept issu de la théorie des jeux, qui décrit une situation dans laquelle des individus isolés doivent prendre une décision pour maximiser leurs intérêts respectifs, mais qui aboutit mécaniquement à un résultat défavorable pour tous. En l'occurrence, si tous les Pascal du monde se réunissaient autour d'une table, ils en arriveraient logiquement à la conclusion qu'*atterrir* est la décision la plus raisonnable pour tous. Mais, sans concertation possible, chacun se fait enfermer dans un faux choix consistant à prédire ce que les autres vont faire et à en déduire sa meilleure option. Or, à ce jeu-là, *accélérer* sera toujours la décision optimale.

Aussi, conformément à une loi fondamentale en économie selon laquelle *il vaut mieux se tromper à plusieurs qu'avoir raison tout seul*, Pascal parie finalement sur l'accélération technologique : il lui consacre la quasi-totalité de ses investissements, de sa stratégie, de ses recrutements... Tout ça pour ça ! En dépit d'une longue réflexion, les règles du jeu l'ont emporté sur les lois de la physique.

6.

Verrous systémiques

Des Pascal, nous en connaissons tous. Il y a, bien sûr, les décideurs reconnus comme tels à la tête d'entreprises ou d'États, dont les décisions peinent à traduire l'urgence écologique dont ils ont pourtant connaissance. Mais il faut y ajouter chaque consommateur qui, bien qu'au courant du réchauffement climatique, continue malgré tout de prendre l'avion et de manger de la viande à chaque repas. Chaque citoyen qui, en dépit de sa conscience du désastre en cours, préfère élire ses représentants politiques sur la base de promesses de croissance économique et d'innovation sans fin. À des degrés divers, nous avons tous quelque chose en nous de Pascal, de cet autre *découplage* entre notre compréhension du monde et nos décisions. Ce qui mène à la question centrale de ce livre.

Comment se fait-il que Pascal ait globalement conscience de la situation écologique, ainsi que de l'inconséquence de la trajectoire du progrès technique, qu'il en comprenne les causes et les conséquences, et continue pourtant d'appuyer sur l'accélérateur ?

La réponse la plus courante à cette question consiste à pointer l'irrationalité de Pascal, ses biais cognitifs et l'influence de son striatum, cette partie du cerveau à l'origine de son désir de satisfaction immédiate – un véritable « bug humain », selon le best-seller éponyme de Sébastien Bohler[1]. Dans le même esprit, l'astrophysicien Hubert Reeves accusait, dans une célèbre interview, le PFH : le « putain de facteur humain ». Le problème résiderait donc dans la nature humaine – trop humaine – de Pascal, en proie à des besoins et émotions archaïques, le prédisposant par conséquent à l'égoïsme et à l'incohérence. Une vision qui n'est pas sans rappeler celle présentant l'être humain comme le maillon faible d'un système par ailleurs parfaitement optimal et rationnel – et la promesse sous-jacente d'une technologie qui nous sauverait de nos biais, sur laquelle nous reviendrons par la suite.

Le but de cet ouvrage est de proposer une autre lecture. Nous venons de le voir, en effet, si Pascal a pris la décision d'accélérer plutôt que d'atterrir, c'est à la suite d'un raisonnement parfaitement rationnel et rigoureux. La théorie des jeux – dont le dilemme du prisonnier est issu – nous apprend qu'une décision peut sembler logique et indiscutable à l'échelle individuelle, et se révéler complètement absurde, voire autodestructrice à l'échelle globale. Car cette prétendue rationalité repose sur des règles du jeu qui, à elles seules, peuvent verrouiller les choix de tous les décideurs, de sorte qu'accélérer leur apparaisse toujours comme une décision plus valable qu'atterrir. Le problème de Pascal est à chercher précisément dans ces *verrous* induits par la façon dont le système est paramétré, plutôt que dans sa nature biaisée en regard d'une prétendue rationalité du système. Lorsque Pascal soutient l'ouverture d'une nouvelle exploitation pétrolière, de nouvelles lignes aériennes ou la construction d'une autoroute, sa décision est-elle irrationnelle ou, au contraire, dictée par une rationalité spécifique, elle-même induite par nos règles du jeu ?

1. *Le Bug humain. Pourquoi notre cerveau nous pousse à détruire la planète et comment l'en empêcher*, de Sébastien Bohler, Robert Laffont, 2019.

Verrous systémiques

Le dilemme du prisonnier n'est que le premier de ces *verrous systémiques* qui bloquent les décisions de Pascal en faveur d'une fuite en avant technologique, aussi convaincu soit-il par la nécessité d'un atterrissage. La suite de cet ouvrage en présente huit autres.

Les aveugles et la technosphère

Au ve siècle avant notre ère circulait une fable, d'origine indienne. Elle racontait l'histoire de six aveugles, qui de leur vie n'avaient jamais rencontré d'éléphant. Or, un matin au village, un éléphant arriva. Allant à sa rencontre, les aveugles tentèrent de comprendre à quel animal mystérieux ils avaient affaire. Le premier tâta sa trompe, en apprécia la longueur et conclut qu'un éléphant ressemblait fort à un serpent. Le second toucha sa patte, en évalua la rugosité et rétorqua que non, un éléphant s'apparentait davantage à un tronc d'arbre. Le troisième, qui caressait une défense de l'animal, leur opposa qu'un éléphant faisait penser à une lance. Le quatrième, qui étudiait sa queue, les contredit à son tour : un éléphant évoquait plutôt une corde. Et le débat se poursuivit ainsi, chaque aveugle s'efforçant, selon ses perceptions partielles et subjectives, de comparer l'être indéchiffrable à une chose familière et définie. Au bout du compte, aucun d'entre eux n'avait compris – ni cherché à comprendre – ce qu'était un éléphant.

Vingt-cinq siècles plus tard, en 2025, cette fable illustre encore parfaitement l'absurdité de nos mécanismes de décision. Les humains font face à un problème d'une nature nouvelle, systémique, à laquelle aucun d'eux n'est formé. Mais chacun s'empresse d'y trouver des solutions à partir de sa propre expertise et de son expérience parcellaire.

Un premier se penche sur l'énergie fossile, dont la combustion réchauffe le climat de la Terre : qu'à cela ne tienne, il propose de recouvrir le sol de panneaux solaires et de tout convertir à l'électricité.

Un second réfléchit au CO_2 qui se trouve d'ores et déjà dans l'atmosphère en quantité préoccupante : facile, il suffira d'aller le capturer dans l'air et de le séquestrer dans le sous-sol.

Un troisième planche sur le gaspillage de ressources et la production de déchets par les activités humaines : pas de problème, il faut simplement installer des capteurs intelligents partout, pour tout mesurer et optimiser, en temps réel.

Un quatrième travaille sur l'effondrement des services écosystémiques lié au déclin de la biodiversité : pas de quoi s'alarmer, si les abeilles disparaissent, on les remplacera par des drones pollinisateurs.

Un cinquième se préoccupe de ce que, malgré toutes ces bonnes idées, le réchauffement se poursuive : au pire, il suggère d'aller pulvériser des gaz réfléchissants dans les couches hautes de l'atmosphère pour filtrer le rayonnement solaire – que pourrait-il arriver de mal ?

Un sixième se focalise sur la surexploitation des sols par l'agriculture : eurêka ! Nous cultiverons bientôt des cellules souches en laboratoire et imprimerons nos aliments en 3D.

Un septième parle d'avion à hydrogène. Un huitième de fusion nucléaire. D'autres encore de réalité virtuelle, d'ouvrir des mines sur la Lune ou des colonies sur Mars...

Quant au dernier des aveugles, qui les a tous écoutés, il est concentré sur un problème : les tensions sur l'accès aux ressources et les conflits d'usage que toutes ces technologies vont immanquablement provoquer. Mais lui aussi a trouvé une solution : faire édifier un bunker entièrement automatisé sur une île artificielle au large de la Nouvelle-Zélande, et y stocker les réserves pour trente ans de chacune des matières premières.

Au bout du compte, les aveugles discutent entre eux. Tous sont d'accord sur une chose : le progrès technique va les sauver. Et personne ne va les contredire sur une affirmation aussi vague. Mais *quel* progrès technique ? Les sauver de *quoi* ? À quel *prix* ? *Combien* d'entre eux ? Dans quel *ordre* ? Sur quels *critères* ?

Sans se risquer à poser la moindre question, chacun y va de son avis de spécialiste ou d'entrepreneur, d'économiste ou d'ingénieur, de juriste ou d'expert-comptable, sur ce qu'est la technosphère et comment il convient de la dompter ; chacun propose l'ajout de règles, d'algorithmes ou d'indicateurs, s'efforce de paraître aux commandes, de se comporter en pilote de la mégamachine... Et ainsi, jamais les aveugles ne parlent du véritable *elephant in the room*, à savoir que depuis très longtemps, tout le monde en a perdu la maîtrise.

– II –

LE PROBLÈME EST DANS NOS SOLUTIONS

«L'homme sait assez souvent ce qu'il fait. Il ne sait jamais ce que fait ce qu'il fait.»

Paul Valéry

7.

Un problème, une solution

À ce stade de sa réflexion, Pascal s'attend naturellement à ce qu'on lui propose des solutions. Des solutions technologiques de préférence ou, à défaut, des méthodes « clé en main » lui permettant d'avoir moins recours à la technologie, lorsque c'est pertinent. Mais Pascal va devoir encore patienter. Une citation, faussement attribuée – comme bien d'autres – à Albert Einstein, lui fait dire que s'il disposait d'une heure pour résoudre un problème, il passerait 55 minutes à bien le définir et seulement 5 minutes à trouver une solution. Un effet particulièrement pervers de l'accélération technologique est qu'elle pousse à négliger le temps consacré à la compréhension du problème pour surinvestir le temps consacré à la recherche d'une solution lucrative.

Mais pas cette fois. Pascal commence à comprendre qu'en tant que décideur, il ne décide plus vraiment de l'avenir, que ses choix sont verrouillés par l'inertie du système. Une étude récente illustre parfaitement cette situation de blocage. Elle a été conduite en 2024, auprès de plus de 200 entreprises engagées dans la campagne *Business Ambition for 1.5°C* de l'initiative

Science Based Target (SBTi)[1], donc parmi les sociétés les plus volontaristes quant à la réduction de leurs émissions de gaz à effet de serre. Il leur a été demandé quelles étaient les principales barrières à la définition d'un objectif et d'une stratégie réalistes – une reformulation de la question centrale de ce livre. Deux réponses ont été choisies à plus de 50 %, se détachant très nettement des autres (*Figure 9*).

La première, « le scope 3[2] représente un défi trop grand », signifie que les émissions de ces entreprises dépendent majoritairement de leur chaîne de valeur, donc de décisions que Pascal ne peut prendre seul mais qui incombent à ses clients et fournisseurs, aux clients de ses clients, aux fournisseurs de ses fournisseurs, et ainsi de suite. Et dans chacune de ces entreprises, les décideurs se disent la même chose. C'est le dilemme du prisonnier.

La deuxième, « trop d'incertitude sur les futures innovations technologiques », fait également référence à des décisions qui échappent à Pascal : difficile de déterminer si le progrès technique à venir facilitera la réduction de nos émissions de gaz à effet de serre ou continuera d'avoir les effets ambivalents que l'on constate jusqu'à présent. En attendant de le savoir, le décideur doit parier sur la meilleure stratégie, tout en sachant qu'elle a toutes les chances de devenir obsolète à la prochaine rupture technologique.

Ces deux réponses illustrent la situation de verrouillage dans laquelle se trouve Pascal. Mais notre décideur est résolu à se

---

1. La Science Based Target initiative est un partenariat créé en 2015 dans le contexte de la COP 21, qui s'assure de l'adéquation des objectifs de réduction des gaz à effet de serre que se fixent les entreprises avec les données des sciences du climat.

2. Dans un bilan carbone, le scope 3 désigne les émissions liées à la chaîne de valeur de l'entreprise, en amont (activités agricoles, extraction et transport des matières premières...) et en aval (distribution, utilisation des produits par les consommateurs, traitement des déchets...).

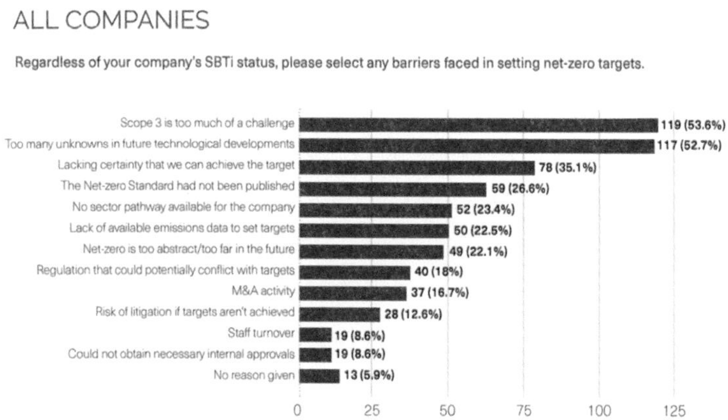

Figure 9. Étude issue du rapport final « Business ambition for 1.5°C » de Science-Based Targets (2024).

concentrer sur ce qu'il peut encore décider : certes, il n'est pas en mesure de choisir d'atterrir plutôt que d'accélérer, mais il peut en revanche choisir de prendre les 55 minutes nécessaires pour mieux comprendre ces verrous qui bloquent sa décision, leurs mécanismes, leurs conséquences… Car, s'il ne s'accorde pas ce temps-là, les solutions auxquelles il pensera durant les 5 minutes restantes auront toutes les chances d'aggraver le problème.

8.

🔒$_2$ Biais technosolutionniste

Pour le comprendre, descendons avec Pascal observer notre technosphère, cet éléphant que nous sommes incapables de voir dans son intégralité, tels les aveugles de la fable (*Figure 10*). Il faut se figurer un programme informatique ultra-complexe, constitué de millions de fonctions, d'algorithmes, de règles, de variables et de scripts en tous genres... Personne au monde, même le plus diplômé des plus grandes écoles, n'est capable d'expliquer son fonctionnement global. Les décideurs comme Pascal sont tous des experts, des spécialistes à même de comprendre et de modifier des petits bouts de ce programme – une fonction, trois paramètres – en restant aveugles aux effets de bord et aux interdépendances avec d'autres bouts de programme, qui sont du ressort d'autres champs d'expertise. Même s'il occupe une position de pilotage, plus transverse, de chef d'entreprise ou de chef d'État, Pascal applique néanmoins des scripts standardisés – comment faire baisser l'inflation, comment réduire les coûts – sans avoir la moindre maîtrise sur le reste du programme.

Ce mode d'organisation en silos, c'est-à-dire en domaines de compétences ultra-spécialisés, convient parfaitement au projet

Figure 10. Pascal et quelques autres décideurs ont compris que notre technosphère fonçait droit dans le mur. Ils décident de descendre de l'éléphant pour prendre le temps de comprendre d'où vient le problème.

expansionniste du siècle dernier, en quête de gains de performances et d'optimisations incrémentales. Mais, quand il s'agit soudain de reprendre les commandes de la mégamachine – afin d'en modifier le rythme, la trajectoire ou les finalités –, il se révèle prodigieusement inadapté.

Quelque part sur la route du progrès, Pascal a perdu la main sur sa créature. Or celle-ci est en train de manger la Terre. Elle pèse trop lourd, consomme trop de matières premières et d'énergie, produit trop de pollution et de déchets, grandit trop vite, soumet la biosphère à des cadences infernales qui l'empêchent de se régénérer... Et, pour y remédier, la seule option qui s'offre à Pascal est d'investir sur de nouvelles solutions qui viendront s'ajouter à la technosphère, augmenteront sa taille, sa vitesse, son empreinte... en priant pour que la destruction créatrice fasse son office, que chaque solution nouvelle provoque bien la disparition de solutions anciennes – sauf que cela, personne n'a le pouvoir d'en décider.

Ainsi, pour chaque argument remettant en question les promesses de découplage entre nos exponentielles bleues et vertes, il existe une idée de technologie future permettant aussitôt de balayer l'objection – donc de poursuivre l'accélération –, bien que personne au monde ne soit capable de modéliser l'impact cumulé de toutes ces solutions à venir : leur demande matérielle et énergétique, leur emprise sur les sols et les écosystèmes, les externalités négatives, pollutions et déchets qu'elles vont engendrer...

Après le dilemme du prisonnier, ce phénomène constitue un second verrou systémique : le biais technosolutionniste. Il découle de ce principe, fondamental dans notre économie, selon lequel *tout problème admet une solution technique*. Alors que nous nous trouvons précisément face à un problème posé par notre usage irréfléchi de la technique.

La conséquence essentielle de ce verrou, c'est que le problème se trouve en grande partie dans nos solutions, dans l'accumulation de technologies passées, présentes et à venir. De fait, la plupart de nos problèmes d'aujourd'hui sont causés par nos solutions d'hier, qui répondaient elles-mêmes à des problèmes causés par nos solutions d'avant-hier. Et, faute d'un changement de paradigme, nos solutions d'aujourd'hui causeront demain des problèmes encore plus graves que ceux qu'elles prétendent résoudre.

À titre d'exemple, Pascal repense au spectaculaire rebond des émissions de gaz à effet de serre de Microsoft, du fait de son accélération sur l'IA générative : l'entreprise continue pourtant d'assurer que cette technologie va résoudre tous nos problèmes, dont le réchauffement climatique – à condition de continuer d'accélérer.

Il pense également à la publicité qu'il a vue le matin même pour un petit pédalier électronique à installer sous son bureau, afin de rester actif devant l'ordinateur. La promesse : « Atteignez vos 10 000 pas par jour grâce à notre technologie brevetée. » Pascal, qui aime marcher pour s'aérer la tête après une journée de travail, s'est amusé à calculer que, pour s'offrir cet objet à 599 €, un salarié moyen en France – gagnant 2 600 € net par mois environ – devra travailler une semaine entière (5 jours pleins) dans le but d'échapper à une heure et demie de promenade par jour. Le tout, sans aucun des co-bénéfices d'une marche au grand air, et sans compter les coûts environnementaux du produit sur tout son cycle de vie : extraction, fabrication, emballage, transport, déchets... Au bout du compte, un problème causé par une technologie (l'informatique nous rend trop sédentaires) est aggravé par une autre (en détournant l'usager d'une véritable activité physique) au prétexte de le résoudre.

Ce ne sont ici que deux exemples du biais technosolutionniste, parmi des milliers d'autres. Le problème réside dans leur accumulation.

Mais alors, faudrait-il se méfier par essence des solutions techniques ? Et de quelles solutions parle-t-on exactement ? De pompes à chaleur géothermiques ou de géo-ingénierie solaire ? De panneaux photovoltaïques ou de capture et séquestration de CO_2 ? Du numérique qui nous offre Wikipédia, une musique illimitée en qualité optimale et Google Earth, ou de celui qui nous inflige Cambridge Analytica, les théories du complot QAnon et les écrans publicitaires en 4K ? Est-il seulement possible de choisir, d'avoir l'un sans l'autre ?

Pour comprendre comment nos verrous systémiques façonnent le progrès technique, partons avec Pascal explorer ce que notre mégamachine a dans le ventre (*Figure 11*).

Figure 11. Plan de coupe de notre technosphère, contenant toutes les « solutions » techniques s'offrant à Pascal.

9.

Quand on peut, on veut

🔒$_3$ Déterminisme technologique

Pour commencer, parmi les objets et systèmes techniques qui composent notre technosphère, beaucoup ne sont pas des solutions à proprement parler, puisqu'ils n'ont pas été conçus afin de résoudre un problème en particulier, mais simplement parce qu'ils étaient concevables. C'est la philosophie du « quand on peut, on veut », qui a notamment fait la gloire de la Silicon Valley, notre locomotive du progrès : si une prouesse technique est réalisable, il faut être les premiers à la réaliser, même si elle ne répond à aucun besoin a priori. Dans un second temps, pendant que les ingénieurs développeront le prototype, le marketing cherchera des problèmes que cette nouvelle technologie est censée résoudre, afin de lui dégoter un marché. Les exponentielles de la loi de Moore, du volume de données exploitables et de l'intelligence artificielle, abordées au chapitre 2, s'appuient sur ce principe.

Il en découle un troisième verrou systémique : le *déterminisme technologique*.

Pascal le connaît bien, lui qui conseille les grands dirigeants sur les prochaines tendances de l'innovation. En tant que précurseur, il en a converti des milliers à la transformation numérique, à la révolution du Big Data, à l'intelligence artificielle... en leur récitant à chaque fois les mêmes citations d'entrepreneurs californiens :

« Vous devez aller vers l'avenir, en devançant vos clients, et être prêt à les accueillir quand ils arrivent. » (Marc Benioff, fondateur de Salesforce)

« Beaucoup d'entreprises ne réussissent pas dans le temps. Que font-elles de mal ? Elles passent généralement à côté du futur. » (Larry Page, cofondateur de Google)

On y lit en creux ce déterminisme technologique, cette idée que le futur est essentiellement dicté par les prouesses technologiques que nous serons capables de réaliser, sans jamais poser la question du problème auquel elles répondent. Comme l'écrivait Paul Valéry dans son *Bilan de l'intelligence* en 1935 : « Tout se passe dans notre état de civilisation industrielle comme si, ayant inventé quelque substance, on inventait d'après ses propriétés une maladie qu'elle guérisse, une soif qu'elle puisse apaiser, une douleur qu'elle abolisse. »

Ce déterminisme est un verrou pour Pascal et les décideurs, qui ne font que suivre, avec plus ou moins d'anticipation, les prophéties marketing en vogue du moment. Mais il est également un verrou pour ceux qui sont à l'origine de ces prophéties. En effet, les personnalités les plus influentes de la *tech* – comme Elon Musk, Mark Zuckerberg ou Sam Altman – n'ont pas considérablement plus de choix que Pascal dans le futur qu'elles proposent à leurs investisseurs : pour rester crédible aux yeux du marché, ce dernier doit renforcer le déterminisme technologique et tous ceux qui en ont tiré profit lors des prophéties précédentes.

Prenons l'exemple d'OpenAI, entreprise pionnière de l'IA générative grâce au succès de son produit ChatGPT, dès son lancement en 2022. La mythologie entrepreneuriale de la Silicon Valley nous inviterait à encenser l'ascension fulgurante d'un surdoué visionnaire, Sam Altman, qui a su lutter contre des vents contraires et contre Elon Musk, pour bâtir un nouvel empire en un temps record. Mais prenons un autre angle et demandons-nous à combien d'entreprises et d'investisseurs des *big tech* a profité l'essor d'OpenAI.

Pour que ChatGPT puisse exister, il faut un volume de données colossal. Il est donc nécessaire que des entreprises comme Google et Facebook nous incitent à alimenter leurs bases de données quotidiennement – et gratuitement. Mais, pour cela, il faut préalablement qu'Apple, Hewlett Packard ou leurs homologues asiatiques nous aient fourni des terminaux (smartphones, ordinateurs, tablettes) attractifs, à utiliser plusieurs heures par jour. Il importe également que ces pétaoctets de données soient stockés dans des data centers Amazon, Microsoft ou Google. Et il faut aussi des semi-conducteurs, de chez Intel ou Nvidia, pour entraîner les modèles[1].

Nous sommes donc bien éloignés de la destruction créatrice schumpetérienne, puisque chaque nouveau monopole technologique[2] vient au contraire renforcer la nécessité des précédents et légitimer leur modèle économique. Ce n'est pas un hasard, mais le fruit d'un déterminisme.

L'histoire d'OpenAI montre, du reste, que même une entreprise pionnière n'a pas vraiment le choix du sens qu'elle donne à sa propre technologie. OpenAI avait à l'origine été fondée comme une structure à but non lucratif, dont les modèles seraient disponibles en *open source* : l'objectif était de créer un leader positif de l'intelligence artificielle, très attentif aux problèmes éthiques

1. L'entraînement est le processus de l'apprentissage automatique (*machine learning*) pendant lequel le système d'intelligence artificielle construit un modèle à partir des données qui lui sont fournies.

2. Dans son best-seller *De zéro à un. Comment construire le futur*, Peter Thiel argue que les monopoles sont une bonne chose pour la société, car les entreprises monopolistiques – grâce à une technologie avancée dont elles sont propriétaires – peuvent élaborer des stratégies à long terme sans être obnubilées par la nécessité de trouver de l'argent à court terme.

posés par cette technologie et soucieux d'en promouvoir un usage vertueux. Mais, pour devenir leader, il faut être précurseur, donc attirer les meilleurs talents de l'IA, avoir accès aux meilleures sources de données, se payer les meilleures capacités de calcul... Bref, il faut des capitaux. Et, pour cela, il faut un modèle économique. Aussi, en 2019, OpenAI renonça à son but non lucratif pour adopter un but lucratif plafonné : un investisseur désireux d'entrer au capital ne pourrait récupérer « que » 100 fois sa mise au maximum. Ainsi, quand, la même année, Microsoft investit son premier milliard dans la société, l'espérance de gain était « seulement » de 99 milliards de dollars. Un peu plus tard, la société cessa de rendre disponible le fruit de ses recherches en *open source* : bien que ce choix fût justifié par des raisons éthiques – l'ouverture de ces modèles augmentait considérablement le risque d'une utilisation malveillante –, il eut le bon goût d'être tout à fait compatible avec le virage commercial qui commençait à se dessiner. En novembre 2023, un an après qu'OpenAI eut officiellement lancé la ruée vers l'IA générative, Sam Altman se fit brutalement débarquer de l'entreprise par un vote concerté des membres de son conseil d'administration les plus attachés à l'éthique et à sa mission d'origine[1]. Quatre jours plus tard, après un feuilleton digne de *Dallas*, Sam Altman en reprit la tête à la suite d'une intervention de Satya Nadella, PDG de Microsoft, qui en profita pour nommer un nouveau conseil d'administration, plus aligné avec la stratégie commerciale de la société.

Cette histoire n'est qu'un exemple parmi d'autres, certes particulièrement emblématique, des diverses façons dont le déterminisme technologique peut dicter le sens du progrès. D'abord, en rendant inéluctable l'essor d'une technologie dès

1. Ilya Sutskever, à l'époque directeur scientifique d'OpenAI, quittera l'entreprise quelques mois plus tard pour fonder sa propre société d'IA, ayant pour mission « de prioriser la sécurité sur la pression commerciale ».

lors que celle-ci est concevable : en décider autrement, c'est se laisser distancer par ses concurrents. Puis en rendant tout aussi inéluctables les choix de conception et de modèle économique qui profiteront le mieux aux investisseurs et acteurs hégémoniques : en décider autrement, c'est faire fuir les capitaux, qui se porteront sur un concurrent ayant fait les « bons » choix. Dans les deux cas, on retrouve également le dilemme du prisonnier : comme leur nom l'indique, les verrous systémiques sont interdépendants et se renforcent mutuellement.

Cet exemple montre également que le déterminisme technologique concerne tous les décideurs, même ceux qu'on serait tenté de décrire comme « visionnaires ». Si Elon Musk ou Sam Altman déclaraient soudainement que l'atterrissage est inéluctable et que l'humanité doit s'y préparer, quitte à renoncer aux technologies incompatibles avec cet objectif, leur crédit chuterait aussitôt aux yeux des investisseurs, dont les capitaux iraient se trouver d'autres porte-étendards.

Prenant conscience de ce déterminisme technologique, Pascal tient cependant à relativiser : tout n'est pas à jeter. Certaines de ces solutions sans problème finissent par s'avérer bénéfiques et par ruisseler vers les couches inférieures de notre technosphère (*Figure 12*). Sauf que nous allons le voir, dans ce qu'il nous reste à explorer du ventre de la mégamachine, on ne trouve pas – loin s'en faut – que des technologies valables.

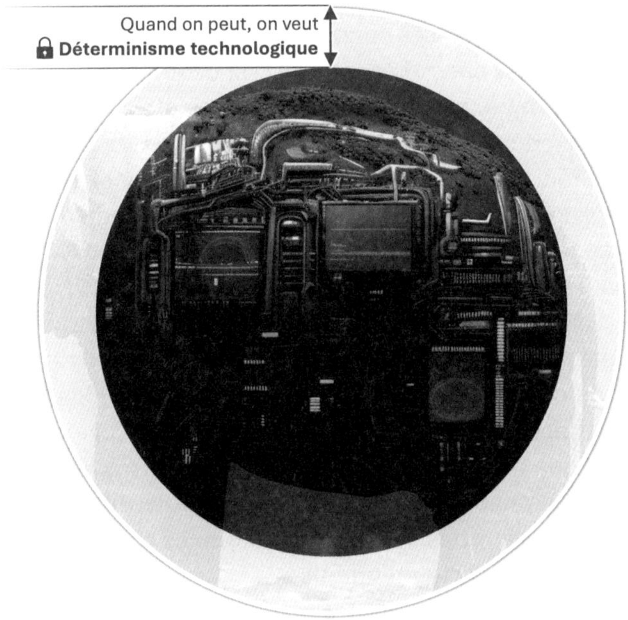

Figure 12. Part restante de nos solutions techniques, conçues en réponse à des problèmes.

10.

Technologie névrotique

🔒$_4$ Illusionnisme technologique

En descendant d'un niveau, Pascal se retrouve face à une deuxième couche de solutions dont l'utilité, une fois encore, est très discutable. Celles-ci ont bien été conçues pour répondre à un problème, certes, mais un problème qui aurait très largement pu – et aurait très certainement *dû* – se passer de solution technique.

Pascal, justement, reçoit aujourd'hui les résultats d'une étude de marché très intéressante : des psychologues et des sociologues ont interviewé des dizaines de clients à lui, seul à seul, dans un cadre conçu pour les mettre en confiance. Le but : recueillir leurs besoins cachés les moins avouables, mais pour lesquels ils seraient prêts à payer cher si une solution leur était proposée.

De page en page, Pascal découvre un trésor de nouveaux problèmes à résoudre.

Julien, 36 ans, souhaiterait modifier son véhicule pour que celui-ci émette une fumée diesel plus noire, plus dense et plus polluante, afin, dit-il, de « faire chier les écolos ».

Léa, 21 ans, a perdu sa meilleure amie dans un accident et souhaiterait qu'on lui en propose un avatar ultra-réaliste grâce à l'IA, pour ne pas avoir à faire son deuil.

Grégory, 48 ans, souhaiterait vivre une expérience pornographique ultra-immersive avec un *deepfake* de sa voisine, en réalité virtuelle.

Chaque fois, Pascal se pose la question fatidique : est-il bien nécessaire d'apporter une solution technique à ce genre de « problèmes » ? Il ignore qu'en réalité toutes ces « solutions » existent déjà. La première fait l'objet d'une pratique répandue aux États-Unis : Julien, 36 ans, n'a qu'à taper « *coal rolling* » dans son moteur de recherche pour trouver le nécessaire. La deuxième est proposée par plusieurs entreprises, parmi lesquelles Replika, originaire de la Silicon Valley, dont le chat-bot est également utilisé comme partenaire de conversations érotiques. La troisième est accessible à tous en combinant l'usage d'un casque de réalité virtuelle et d'un service de création de *deepfakes* en ligne, deux technologies de plus en plus matures et performantes.

Si ces « solutions », que l'on croirait issues d'œuvres de science-fiction dystopique, sont bel et bien réelles, c'est parce que nos règles du jeu favorisent l'émergence de toute technologie pour laquelle une demande potentielle existe. Il en résulte une catégorie pléthorique d'objets et de systèmes apportant une réponse technique à des problèmes qui seraient davantage d'ordre psycho-sociologique, et que nous appellerons donc *technologie névrotique* (*Figure 13*).

La suite de ce livre contient d'autres exemples issus de cette catégorie, parfois plus subtils, plus insidieux. Et il faudra beaucoup de volonté à Pascal pour résister à la tentation d'investir en elle car il s'agit d'un marché en croissance... exponentielle.

Il existe un quatrième verrou systémique qui contribue à nourrir autant cette catégorie de solutions que la suivante : l'illusionnisme technologique. Il s'agit de cette propension – qui nous concerne tous et transcende les époques – à constamment surestimer les bienfaits d'une technologie nouvelle et à en masquer les effets

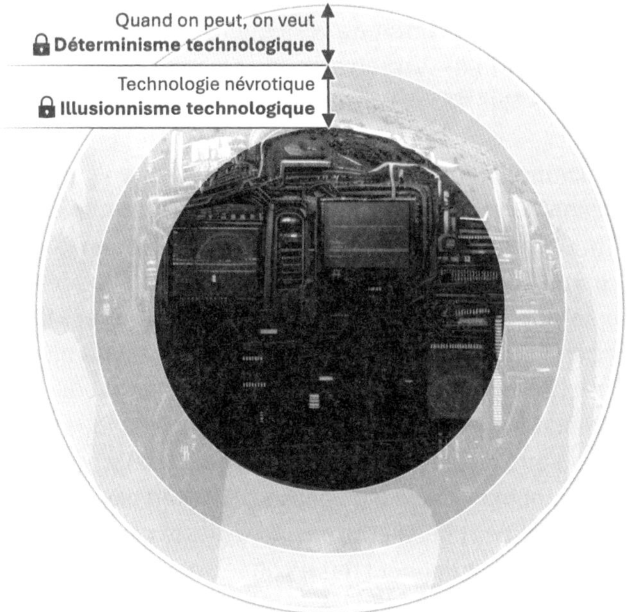

Figure 13. Part restante de nos solutions techniques, conçues en réponse à des problèmes réels.

délétères. Ce tour d'illusionnisme est précisément à l'œuvre dans la technologie névrotique ; comme un prestidigitateur, le fabricant agite d'une main la satisfaction immédiate que son produit va procurer à l'usager, tout en camouflant de l'autre ses effets pervers : la dépendance à l'objet, l'addiction qui vont en découler, la frustration accrue une fois la première satisfaction passée, quand l'usager s'apercevra que son besoin véritable n'a pas été assouvi… Dans son livre *Pour une pensée systémique*[1], Donella

1. *Thinking in Systems : A Primer*, de Donella Meadows, Sustainability Institute, 2008 ; *Pour une pensée systémique,* Rue de l'Échiquier, coll. « Initial(e)s DD », 2023.

Meadows, coautrice du rapport *Les Limites à la croissance*, parle d'une propension récurrente à la « recherche d'une solution rapide et sale au symptôme du problème, qui empêche ou évite de s'atteler à la tâche plus difficile de résoudre le véritable problème à long terme ».

L'illusionnisme technologique est la clé de voûte du biais technosolutionniste, son biais de confirmation attitré : si Pascal croit que chaque problème admet une solution technique, c'est parce qu'il veut croire en la promesse de chaque nouvelle technologie, sans être trop regardant sur l'envers de ses bénéfices annoncés. Cet optimisme de principe interdit tout examen critique objectif. Les réseaux sociaux en sont une parfaite illustration, à commencer par la manière dont ils offrent à chaque utilisateur l'illusion d'être au centre de l'attention pour mieux occuper cette place eux-mêmes. Ce tour de passe-passe repose intégralement sur la volonté des utilisateurs de croire que le nombre de likes ou de cœurs qu'ils obtiennent reflète effectivement l'importance et le degré d'attention que leur accordent les autres – alors que ces likes et ces cœurs se distribuent en quelques millisecondes et sans limite de stock, donc ne coûtent absolument rien.

Et si Pascal voulait se rassurer, en se pensant assez perspicace pour ne pas tomber dans le panneau, il reste le dilemme du prisonnier, toujours à l'œuvre : s'il se montre individuellement sceptique à l'égard de la promesse des réseaux sociaux, cela ne change rien à leur centralité ni à la nécessité d'y avoir recours pour se faire connaître.

Mais admettons que Pascal, au prix d'un courage exceptionnel, renonce à toute technologie névrotique. Nous allons voir qu'il ne sera pas débarrassé de l'illusionnisme technologique pour autant : la prochaine catégorie de « solutions » est, elle aussi, très influencée par ce verrou.

11.

Déplacement des problèmes

🔒5 Dépendance au sentier

Cette troisième couche de notre technosphère est composée de solutions conçues en réponse à un problème légitime mais qui, tout en donnant l'impression de le résoudre, se contentent en réalité de le transférer, de le diluer, bref… de le cacher sous le tapis. C'est l'autre tour d'illusionnisme de la technologie : laisser croire qu'un problème a disparu, en le déplaçant en un lieu où personne ne regarde.

Soit dans l'*espace* : Pascal exporte les externalités négatives de sa solution – ses déchets, ses pollutions – vers des continents lointains, dont l'économie est moins « développée ».

Soit dans le *temps :* Pascal crée de la dette, financière ou écologique, en transférant les coûts cachés de sa solution aux générations futures.

Soit dans une troisième dimension, bien pratique et très utilisée, celle du *risque systémique* : Pascal dilue les conséquences toxiques de sa solution à faible dose, dans les fleuves ou dans la mer, dans le sous-sol ou l'atmosphère, transfère chaque jour un peu de risque supplémentaire à son assureur ou au réseau interbancaire… Le « truc » qui permet à ce tour-là de fonctionner, c'est que des millions de décideurs font de même et qu'une faillite du système ne pourra jamais être imputable à personne en particulier : aucun flocon ne peut être tenu pour responsable d'une avalanche.

Grâce à cette cachette en trois dimensions, l'illusionnisme technologique est renforcé : il est encore plus facile de surestimer le rapport bénéfice/risque de chaque solution technique.

Pascal écoutait l'autre jour un ami lui raconter l'histoire de la crise du crottin à New York, à la fin du XIXe siècle. À l'époque, le cheval était le principal moyen de locomotion et son adoption progressait vite. Conséquence naturelle : les rues de Manhattan étaient jonchées d'excréments (*Figure 14*). Les experts prenaient le problème très au sérieux : selon les projections de trafic et d'augmentation de la population citadine, la ville risquait d'être ensevelie sous des tonnes de crottin d'ici une dizaine d'années, provoquant un désastre sanitaire. Le *happy end*, nous le connaissons tous : la catastrophe n'eut jamais lieu car, dans la décennie qui suivit, l'automobile individuelle remplaça le cheval. Une fois encore, le progrès technique avait sauvé l'humanité d'un cataclysme annoncé.

Cette histoire, très appréciée des partisans de l'accélération technologique, est censée montrer les vertus inépuisables de la technologie. Elle est pourtant un parfait exemple de déplacement de problème. En l'occurrence, une pollution extrêmement tangible – des excréments sur le sol – a été transformée en une pollution invisible – des émissions de gaz et de particules fines dans l'air –, dont on a mis plus d'un siècle à documenter les méfaits mais qui se révèle, avec le recul, nettement plus létale : réchauffement climatique, mais aussi pollution de l'air qui provoque 4,2 millions de décès prématurés par an dans le monde[1]. Ici, l'illusionnisme technologique consiste à faire

1. *The Lancet Planetary Health*, 2022.

MORTON STREET, CORNER OF BEDFORD, LOOKING TOWARD BLEECKER STREET, MARCH 17, 1893.

Figure 14. Photographie de Morton Street recouverte de déjections de chevaux, le 17 mars 1893.

croire qu'un métabolisme naturel (un corps) génère des déchets tandis qu'un métabolisme technique (une voiture) n'en génère aucun… puisqu'ils sont invisibles à l'œil nu.

D'autres solutions à la crise du crottin de cheval existaient à l'époque : l'essor des transports en commun sur rail – tramway, métro – et celui des véhicules électriques – qui représentaient environ 40 % du marché automobile aux États-Unis – offraient des alternatives plus propres à la voiture thermique individuelle. Mais une offre de transport multimodale, articulant une vaste diversité de solutions, n'était pas dans l'intérêt des industries pétrolière et automobile, qui préférèrent concentrer les usages sur un produit unique, standardisé donc massivement réplicable, assurant tous les déplacements. En 1908, la production industrielle de la Ford Model T sonna le glas de tout moyen de transport concurrent. Depuis lors, la bagnole a façonné le monde et l'aménagement du territoire : on compte aujourd'hui 1,4 milliard de véhicules en circulation, sur environ 40 millions de kilomètres de route – de quoi faire mille fois le tour de la Terre –, et dans une ville comme Houston, on dispose de 30 places de parking par habitant. Tout cet espace artificialisé, aux conséquences désastreuses pour la biodiversité, illustre un effet pervers de cette catégorie de solutions : en cachant le problème sous le tapis, on lui permet de gagner en ampleur à l'abri des regards. Tôt ou tard, quand le problème se manifeste à nouveau sur nos écrans de contrôle, il a pris une forme plus complexe et se révèle nettement plus coûteux à résoudre.

Ainsi, lorsque aujourd'hui les mêmes solutions – transports en commun, rail, vélo, véhicules électriques – nous viennent naturellement à l'esprit pour sortir des énergies fossiles, elles sont infiniment plus complexes et coûteuses à déployer qu'il y a 120 ans puisque, entre-temps, toutes les villes et campagnes, toutes les zones pavillonnaires et commerciales, tous les systèmes de transport de marchandises au monde ont été conçus autour des véhicules thermiques individuels (*Figure 15*).

Ce phénomène porte un nom : la dépendance au sentier – et c'est notre cinquième verrou systémique. Il s'assimile à un sentier de randonnée, dessiné par le passage de milliers de marcheurs : plus un chemin a été emprunté, plus il est propice à la marche, et donc susceptible d'être emprunté à nouveau. Par contraste, il paraît nettement plus coûteux aux randonneurs de sortir du sentier battu pour en tracer un autre à travers les herbes hautes ou la forêt.

La dépendance au sentier désigne exactement cela : un effet de verrouillage né de nos décisions passées, des solutions mises en œuvre par les générations précédentes, qui creusent un sillon duquel il devient de plus en plus coûteux de sortir, même quand ce serait objectivement préférable.

Figure 15. Zone pavillonnaire typique des banlieues américaines et échangeur autoroutier. Deux aménagements du territoire reproduits à l'identique sur tous les continents, conçus pour la voiture individuelle.

Ainsi, pour réduire nos émissions de CO_2, plutôt que de penser une offre de transport multimodale articulant la voiture électrique avec une vaste diversité d'autres solutions adaptées à chaque usage – vélo, transports en commun, rail –, la dépendance au sentier nous encouragerait volontiers à remplacer chaque voiture thermique par son équivalent électrique : cette option « rapide et sale » nous éviterait d'avoir à modifier en profondeur l'aménagement du territoire, nos habitudes de déplacement, la vitesse et la fréquence de nos flux de marchandises… C'est la solution la moins coûteuse pour Pascal, donc la plus rationnelle. Et pourtant, elle ne ferait que déplacer le problème une nouvelle fois, en transférant une pression insoutenable sur l'atmosphère (gaz à effet de serre) vers d'autres régions moins scrutées du système Terre, à commencer par la lithosphère (extraction minière). Elle permettrait, de plus, aux constructeurs automobiles de transférer une pollution dont ils sont responsables vers le système énergétique, car la « propreté » du 1,4 milliard de nouveaux véhicules dépendrait de l'électricité qu'ils consomment – dont l'origine est encore majoritairement fossile. Elle offrirait donc un nouvel exemple de problème caché sous le tapis du *risque systémique* : celui d'une incapacité probable du système électrique mondial à satisfaire toutes ces demandes – de surcroît sans avoir recours aux énergies fossiles. Et si l'avalanche venait à se produire, ni Pascal ni aucun des autres « flocons » ne pourraient en être tenus pour responsables.

En résumé : le fait de n'avoir pas su choisir la « bonne » trajectoire il y a 120 ans la rend nettement plus coûteuse à choisir aujourd'hui, car le sentier s'est creusé dans une autre direction. Et si nous l'empruntons à nouveau, il se creusera encore davantage : lorsque nous aurons dépensé des centaines de milliards d'euros pour électrifier notre flotte de véhicules, nous devrons d'autant plus dépenser pour maintenir, entretenir, voire étendre les aménagements routiers qui leur permettront de circuler et de stationner... Ainsi, nous nous enfermerons, chaque jour un peu plus, dans une décision prise par une poignée d'industriels au début du XXe siècle.

La dépendance au sentier est un verrou particulièrement puissant. On le retrouve dans de nombreux domaines. L'exemple des technologies de CCS (capture et séquestration de carbone) est particulièrement éloquent, puisqu'il s'agit explicitement de cacher le problème sous le tapis : aspirer le CO_2 dans l'air pour le séquestrer dans le sous-sol. De même que la voiture électrique, cette solution peut être viable dans certains contextes : pour décarboner temporairement des industries essentielles à l'économie mondiale, en attendant que celles-ci aient opéré leur transition, par exemple. Tout le souci est que, dans le même temps, cette technologie va automatiquement creuser un sentier de décision, permettant à certains d'en déduire que la transition peut attendre, puisque le problème n'est plus visible. Imaginons que Pascal investisse 10 millions de dollars pour aspirer tout le CO_2 émis par son activité directement à la sortie des cheminées : dans les années qui suivent, va-t-il être incité à faire atterrir son modèle économique ou chercher à amortir son investissement et accélérer son activité, puisque celle-ci ne pollue plus en apparence ? Combien imiteront Pascal pour s'éviter des décisions plus coûteuses, y compris dans des industries moins essentielles ? Combien d'usines de CCS faudra-t-il construire, et pour quelle demande énergétique – venant s'ajouter à celles des véhicules électriques, de l'intelligence artificielle, etc. ?

La pente naturelle de nos règles du jeu, qui nous encouragerait à déployer autant de cette technologie que nos capitaux le permettent, mènerait à une impasse dont il serait encore plus difficile de sortir demain, puisque nous aurions renforcé la dépendance de notre économie à des industries *hors sol* au lieu d'en programmer la transition, voire le démantèlement.

Notre système agricole industriel est un autre exemple de dépendance au sentier. Au départ, il y a l'idée de maximiser les rendements par la standardisation des semences et la monoculture, ce qui aboutit à une seule variété de plantes, voire un seul spécimen cloné sur plusieurs hectares. Afin d'enrayer la biodiversité naturelle qui irait à l'encontre de ce modèle, il faut une pulvérisation massive de pesticides, insecticides et herbicides – dont le glyphosate, reconnu comme cancérogène probable depuis 2015 mais toujours copieusement épandu – qui, par leur usage intensif, détruisent la matière organique des sols, dont les cultures se nourrissent. Pour doper leur croissance, il faut donc avoir massivement recours à des engrais synthétiques azotés – parmi lesquels le nitrate d'ammonium, par ailleurs utilisé comme explosif –, qui dérèglent au passage le cycle de l'azote et dont la moitié seulement est absorbée par les plantes ; le reste retourne à l'état de pollution dans l'air (sous forme d'ammoniac, protoxyde d'azote, ozone) et les eaux (causant la présence d'algues vertes, de nitrates dans les nappes phréatiques). L'usage de ces produits, conjugué à la déforestation au profit des surfaces agricoles, déséquilibre un peu plus les écosystèmes et favorise la prolifération d'espèces ravageuses et de maladies plus virulentes, obligeant à traiter les cultures à grand renfort d'antibiotiques et d'antifongiques. Et ainsi de suite, chaque « solution » chimique obligeant un peu plus à recourir aux autres – on retrouve ici une nouvelle forme de déterminisme technologique – et creusant un sentier de dépendance, dont il devient à terme extrêmement coûteux de sortir : tout agriculteur souhaitant se convertir au bio en fait l'expérience.

Mais admettons que Pascal fasse partie des plus lucides et prenne soin de n'investir que sur des solutions conçues pour apporter une réponse *valable* à un problème *véritable* (*Figure 16*). Honnêtement, on pourrait déjà le féliciter, car il serait alors très minoritaire. Et pourtant…

Déplacement des problèmes

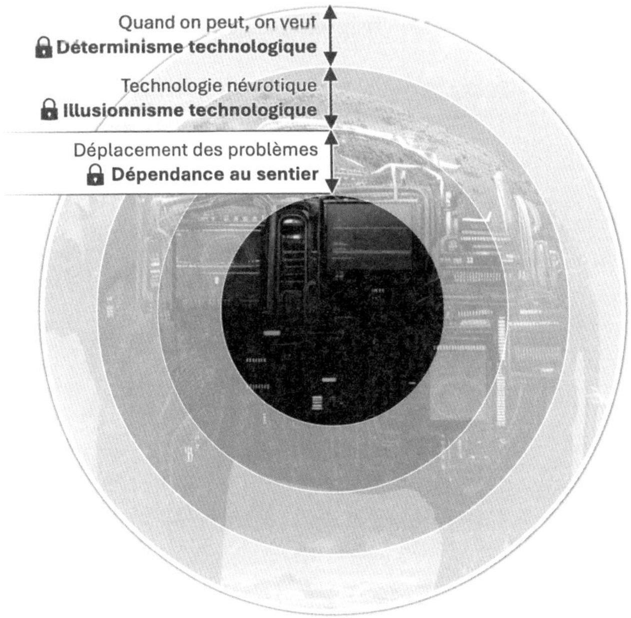

Figure 16. Part restante de nos solutions techniques, conçues pour apporter une réponse valable à des problèmes réels.

12.

Solutions contre-productives

🔒$_{6}$ Effet rebond

Pourtant, même si Pascal réussit à trouver la solution juste, à en faire un juste usage, au juste dosage, il reste un sixième verrou systémique à cause duquel n'importe quelle technologie parfaitement conçue peut se révéler contre-productive et finir par aggraver le problème qu'elle était censée résoudre. Ce verrou, c'est l'*effet rebond*[1].

Revenons dans la Silicon Valley. En 2024, l'entreprise Nvidia a annoncé la conception de nouvelles puces, optimisées pour l'intelligence artificielle et 25 fois plus efficientes que la génération précédente : cela signifie qu'elles consommeront 96 % d'énergie en moins, à performance égale ! On ne peut que saluer la prouesse, ce nouveau miracle du progrès technique. Mais Pascal n'est pas dupe, il se pose immédiatement la question : à quoi ce gain d'efficience va-t-il servir ?

---

1. L'effet rebond a été mis en évidence en 1865 par William Stanley Jevons, qui avait constaté que le progrès technique dans le domaine des machines à vapeur, devenues plus économes en charbon, avait provoqué une hausse de la consommation globale de charbon – devenu plus rentable, donc massivement utilisé.

Scénario 1 : Microsoft, Google, Facebook et toutes les entreprises de pointe sur l'IA en profitent pour concevoir des modèles plus sobres et ainsi réduire leurs émissions de gaz à effet de serre, faisant oublier ce malencontreux rebond des années 2021 à 2024 (*Figure* 6). La promesse d'une croissance dématérialisée gagne une once de crédibilité.

Scénario 2 : Microsoft, Google, Facebook et toutes les entreprises de pointe sur l'IA en profitent pour multiplier par 25 leurs performances à consommation égale, s'empressant ainsi d'être les premières à développer de nouveaux usages dont personne n'avait a priori besoin mais qu'elles présenteront bientôt comme inéluctables.

Comme chaque fois qu'il doit parier sur l'avenir, Pascal cherche dans le passé des indices, des cas comparables. Il en trouve par dizaines.

Les réfrigérateurs, par exemple, sont bien plus efficients aujourd'hui qu'il y a vingt ans. Mais puisque tous les foyers en sont équipés, les fabricants ont dû trouver des raisons pour que les consommateurs continuent d'en acheter. On a donc vu apparaître de nouvelles options superflues : distributeur de glaçons, cave à vin réfrigérée, écran tactile pour choisir sa boisson sans avoir besoin d'ouvrir la porte du frigo… En conséquence, un réfrigérateur consomme davantage en 2024 qu'en 1994[1].

Les véhicules thermiques – encore eux – en sont un autre exemple : grâce aux ingénieurs, leurs moteurs ne cessent de gagner en efficience, réduisant ainsi la consommation de carburant, à performance égale. Mais, dans le même temps, les véhicules s'alourdissent du fait d'équipements supplémentaires – limiteur et régulateur de vitesse, ordinateur de bord,

---

1. Selon l'Agence de l'environnement et de la maîtrise de l'énergie (ADEME), la consommation annuelle d'un réfrigérateur était de 120 kilowatt-heure (kWh) en 1994 contre 174 kWh en 2024 (346 kWh pour les modèles avec congélateur intégré).

vitres électriques, freinage d'urgence, sièges chauffants... Il faut y ajouter l'attrait de plus en plus prononcé des consommateurs – fortement incités par les publicités des constructeurs – pour des modèles plus lourds, même pour un usage citadin (SUV, 4 × 4, crossover...). Résultat : en dépit de la promesse marketing de véhicules plus « verts », les gains d'efficience n'ont jamais abouti à une baisse significative de la consommation de carburant[1].

On pourrait penser que ces exemples sont accidentels, mais en tapant « effet rebond » dans son moteur de recherche, Pascal en découvre pléthore d'autres et comprend que ce phénomène n'est pas une exception : il est la règle. Lorsqu'une technologie produit un gain d'efficience, sauf exception, ce dernier se traduit par une baisse de coût, laquelle provoque une hausse de la demande, essentiellement pour satisfaire des besoins plus superflus, ce qui aboutit à une plus grande consommation de ressources. Raison pour laquelle les données, plutôt qu'une destruction créatrice ou une amélioration continue de l'efficience du système, traduisent une très nette tendance à l'accumulation.

En l'absence de raison valable de postuler le contraire, Pascal a donc fort à parier qu'une fois encore, le gain d'efficience permis par la nouvelle puce de Nvidia conduira au scénario 2, à savoir une amplification de la fuite en avant technologique.

Car les exponentielles de la Silicon Valley n'échappent pas à l'effet rebond, bien au contraire. La technologie névrotique résulte en grande partie de ce que la loi de Moore, en rendant la puissance de calcul de moins en moins chère, a pour conséquence qu'on utilise de plus en plus de puissance de calcul pour satisfaire des besoins de plus en plus superflus. À titre d'exemple, une brosse à dents connectée dispose aujourd'hui

1. En France, elle oscille depuis vingt ans entre 48 et 50 milliards de litres par an.

d'une puissance de calcul environ 100 fois supérieure à celle des supercalculateurs de la NASA qui guidaient les missions Apollo. En outre, plus la puissance de calcul augmente, moins les performances de nos logiciels sont optimisées : la loi de Wirth[1], contrepartie de la loi de Moore, affirme ainsi que « les programmes ralentissent au moins aussi vite que le matériel accélère ». Autrement dit, plus nos ordinateurs, tablettes et téléphones sont performants, plus ils consomment ! On peut en conclure que la loi de Moore est intégralement au service de l'effet rebond, comme le montre d'ailleurs la prédominance du déterminisme technologique dans la Silicon Valley : chaque surplus de puissance de calcul, plutôt que d'être converti en gain d'efficience, de sobriété ou en amélioration des solutions existantes, se traduit essentiellement par de nouveaux besoins à assouvir.

On retrouve également l'effet rebond derrière l'une des promesses fondamentales des technologies numériques : le gain de temps, et son corollaire, le gain de productivité. Ainsi, quand l'e-mail ou les outils de visioconférence ont débarqué dans les entreprises, Pascal s'attendait à gagner un temps considérable dans l'échange d'informations et de messages importants. Sauf qu'en parallèle, ces technologies ont démultiplié le nombre de réunions et de messages superflus. De sorte qu'aujourd'hui, quand on lui demande ce qui lui prend le plus de temps dans sa journée, Pascal déclare sans hésiter : « Répondre à mes e-mails et enchaîner les réunions en visio. »

Désormais, de nombreux cas d'usage de l'IA s'accompagnent de la même promesse : la nouvelle puce de Nvidia permettra sans doute à chacun d'avoir son propre assistant virtuel ultra-performant, embarqué sur son téléphone. Cet esclave numérique pourra, par exemple, traduire instantanément à Pascal les mots de son

---

1. Du nom de Niklaus Wirth, son inventeur, détenteur du prestigieux prix Turing.

interlocuteur – que celui-ci parle hébreu, japonais ou farsi –, et réciproquement. Le marketing invoquera une technologie conçue pour « reconnecter les hommes par-delà les frontières », mais derrière les éléments de langage, la véritable promesse sera – toujours – celle d'un gain de temps : plus besoin de perdre les 1 000 heures nécessaires à la maîtrise d'une langue étrangère. Admettons. Reste la question de l'effet rebond : que va faire Pascal du temps ainsi gagné ?

Car l'idée même de *gain de temps* relève en réalité de l'illusionnisme technologique : l'exemple de l'e-mail montre qu'un gain de temps relatif – pour écrire et lire un message électronique plutôt qu'un courrier – peut aboutir à une perte de temps dans l'absolu. Pour être exact, il faudrait plutôt parler d'un *transfert de temps* d'une activité vers une autre : il n'y a ainsi *gain* de temps réel que si l'activité de remplacement est jugée plus enrichissante que celle remplacée.

Or on pourrait arguer qu'apprendre une langue étrangère n'est pas une totale perte de temps. Cette activité permettrait à Pascal d'approfondir ses connaissances, d'améliorer la plasticité de son esprit, de mieux comprendre les subtilités d'une autre culture, d'autres manières de nommer le monde, éventuellement de rencontrer d'autres gens partageant ce désir d'ouverture... À quelle activité plus enrichissante va-t-il pouvoir consacrer ses 1 000 heures ainsi « gagnées » ?

Un élément de réponse a été donné par le philosophe Ivan Illich[1], il y a cinquante ans environ. Il a calculé qu'un Américain typique consacrait plus de 62 jours par an – soit 30 heures par semaine – à sa voiture, en comptant les heures passées derrière le volant, en marche ou à l'arrêt, ainsi que les heures de travail nécessaires pour payer le véhicule, son entretien, son carburant,

1. Ivan Illich est particulièrement connu pour le concept de « contre-productivité » : toute technologie ou institution, au-delà d'un certain seuil, se retourne contre son objectif initial. Par exemple, trop de voitures en circulation finissent par augmenter le temps de déplacement, en générant des bouchons.

les péages, l'assurance, etc. Il lui fallait donc 1 500 heures pour parcourir 10 000 kilomètres en moyenne, ce qui revient à une vitesse de 6 kilomètres/heure – soit l'équivalent d'une marche rapide. Il en concluait que, dans un pays sans voitures, on se déplaçait à la même vitesse, avec l'avantage de pouvoir aller n'importe où et pas seulement le long des routes asphaltées – ainsi que d'autres co-bénéfices de la marche, déjà évoqués.

Cet exemple, associé à celui des e-mails et des outils de visioconférence, permet de comprendre que Pascal, en réalité, ne reverra jamais ces 1 000 heures qu'il pensait avoir libérées. Celles-ci seront englouties par l'effet rebond, en deux étapes. Une première fois, sous la forme d'heures travaillées pour faire tourner la mégamachine à laquelle il aura délégué le soin de parler une langue étrangère à sa place : il y aura eu transfert de temps d'une activité immatérielle – sans impact sur les exponentielles vertes – à une activité productive, nourrissant la technosphère – donc les exponentielles vertes. Et puis, une seconde fois, à cause de l'accélération globale qui résultera de l'adoption généralisée de cette technologie : au bout du compte, tout le monde aura « gagné du temps », donc personne n'aura gagné la moindre seconde relativement aux autres. Le seul résultat tangible est une augmentation de la cadence globale, qui justifiera bientôt que soient conçues d'autres technologies superflues, promettant de nouveaux gains de temps… et ainsi de suite.

Nous reparlerons plus en profondeur, dans la partie IV, des implications délétères, à l'échelle systémique, de cette délégation de notre intelligence aux outils numériques. Pour l'heure, revenons à notre mégamachine, que Pascal a enfin fini d'éplucher (*Figure 17*).

Cela signifie qu'après avoir vérifié qu'une technologie ne rentrait dans aucune des quatre catégories que nous venons d'évoquer, il peut enfin considérer qu'il s'agit d'une des rares « solutions » de notre technosphère à mériter ce nom. Si le ventre de notre éléphant

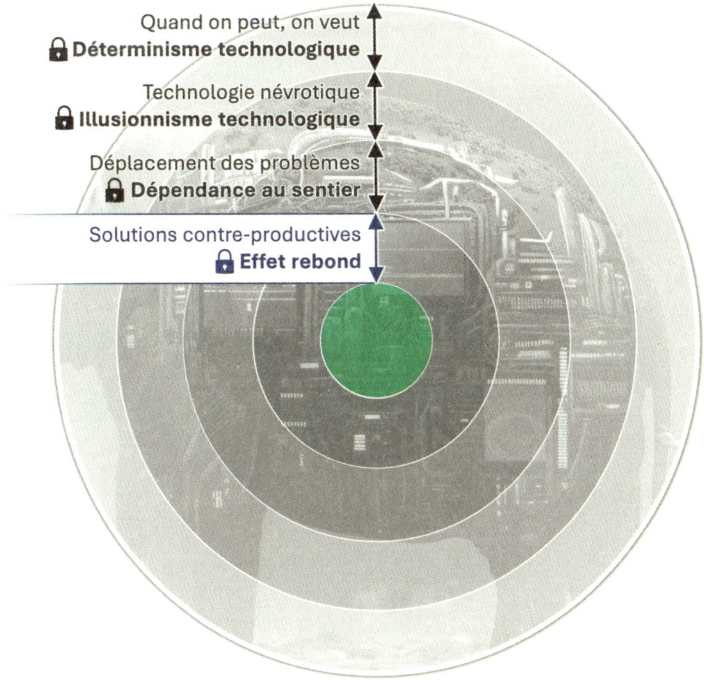

Figure 17. Part restante de nos solutions techniques (en vert), apportant une réponse valable et soutenable à des problèmes réels.

n'était composé que de ces solutions valables, si tous les Pascal du monde pouvaient ne miser que sur elles, son problème de démesure serait résolu. Peut-être même ne se serait-il jamais posé.

Mais l'effet rebond est un verrou particulièrement cruel car, en l'absence de mesures préventives, Pascal peut être certain que même une solution conçue pour l'atterrissage verra la majeure partie de ses bénéfices se déverser vers les couches extérieures de la technosphère, nourrir le déterminisme technologique, la technologie névrotique ou la dépendance au sentier… et ainsi contribuer à la fuite en avant.

13.

Discernement technologique

Face à la puissance de ces verrous, qui se renforcent mutuellement pour faire en sorte que ses décisions aillent toujours dans le même sens, Pascal est tenté par le fatalisme : se résigner à ce que le sens du progrès soit inéluctable et, plutôt que de nager à contre-courant, chercher à en tirer profit. Le fatalisme se muant en cynisme, il investirait copieusement sur quelques-unes des fausses solutions dont la technosphère regorge, paierait publicitaires et influenceurs pour en vanter les bienfaits illusoires, inciterait chercheurs et journalistes à les présenter sous un jour optimiste... Si bien qu'il finirait par devoir lutter contre les discours réalistes, par la caricature et la désinformation, afin de préserver ses intérêts.

Mais Pascal s'est targué toute sa vie d'être un décideur rationnel : il ne se résout pas encore à perdre cette étiquette. Certes, il n'existe aucune solution miracle aux verrous systémiques, aucune méthode « clé en main » pour en sortir, mais il peut commencer par accepter qu'une grande part de ce que nous appelons « progrès technique » relève davantage du problème que de la solution, et que c'est à cela qu'il nous faut remédier avant

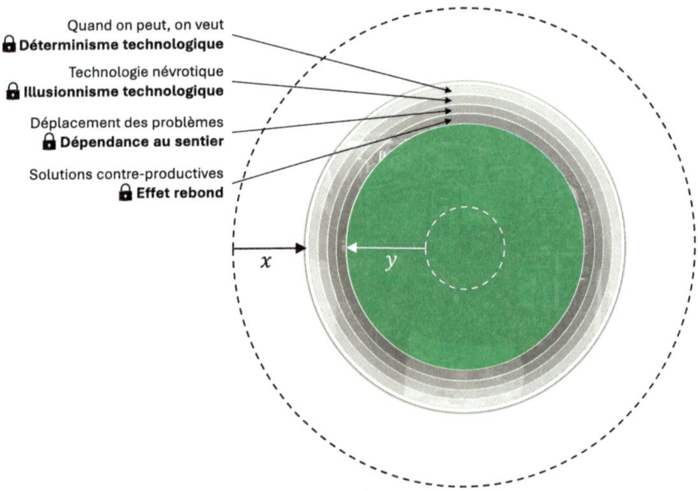

Figure 18. Gains potentiels induits par le discernement technologique.

toute autre chose. En faisant preuve de *discernement technologique*[1] (*Figure 18*).

En somme, Pascal et nous tous allons devoir trouver un moyen de répondre à cette question, la plus décisive du XXIe siècle : *de quel progrès avons-nous besoin ?*

Il « suffirait » en effet d'y trouver une réponse concertée, raisonnable et consensuelle, pour tout à la fois :

1. Diminuer considérablement l'empreinte de notre technosphère, jusqu'à des niveaux soutenables, en réduisant drastiquement la part de technologies contre-productives ou superflues qui la composent – c'est le vecteur x.

1. Le concept de « discernement technologique » a notamment été popularisé par l'ingénieur Philippe Bihouix, auteur de *L'Âge des low tech : Vers une civilisation techniquement soutenable*, Le Seuil, coll. « Anthropocène », 2014.

2. Augmenter tout aussi considérablement l'investissement, l'allocation d'intelligence et de capitaux à la conception de technologies réellement valables et souhaitables pour répondre aux défis qui se posent à nous – c'est le vecteur y.

En additionnant x et y – l'économie générée par la réduction des externalités négatives et le retour sur investissement de solutions réellement valables –, on obtient un gisement de valeur incomparable à l'échelle systémique, avec lequel aucune solution technique, de l'intelligence artificielle à la géo-ingénierie solaire, ne peut rivaliser. Non seulement la question est essentielle, mais elle est donc éminemment rentable.

Alors, comment se fait-il qu'elle ne soit pas omniprésente dans nos journaux, dans nos débats politiques et citoyens, nos discussions de comptoir ou de bureau ? Pourquoi ne se donne-t-on presque jamais la peine de se la poser ?

Parce que nous avons tous tellement intégré l'existence des verrous systémiques que notre réflexion les tient pour acquis et s'enferme dans le cadre restreint qu'ils dessinent, le petit périmètre de décisions qu'ils nous laissent. De la même manière, dans la fable, chaque aveugle préfère donner l'impression qu'il est aux commandes et sait comment dompter l'éléphant, plutôt que d'admettre l'étendue des questions auxquelles il n'a pas de réponse : quelle innovation va nous sauver, de quoi, à quel prix, combien d'entre nous, dans quel ordre, sur quels critères ? Et c'est ainsi que nous finissons par nous convaincre qu'il est plus raisonnable de parier sur la colonisation d'une planète B que sur la possibilité d'un système B compatible avec celle que nous habitons.

De plus, la question du discernement technologique est complexe, en ce sens qu'elle n'admet pas de réponse absolue : beaucoup de technologies sont viables dans certains contextes d'usage et complètement aberrantes dans d'autres. Il faut également penser aux potentiels effets de seuil : une solution peut être valable jusqu'à un certain niveau, au-delà duquel elle devient contre-productive. Il serait donc aussi absurde de renoncer en bloc aux écrans, à la voiture électrique ou aux intrants chimiques agricoles que d'en systématiser l'usage sans aucune limite, comme on le fait actuellement.

C'est cette position nuancée, ni technophobe ni technolâtre, que Pascal va désormais s'efforcer de trouver, loin des oppositions simplistes entre modèle Amish et « Startup Nation », entre luddisme[1] et transhumanisme[2]...

Une posture de sagesse, en somme, dans notre rapport à la technique : une *technosophie*.

---

1. Le luddisme est un mouvement social clandestin du XIXe siècle en Angleterre, regroupant des artisans du textile opposés à la mécanisation de leur industrie, dont un des modes d'action consistait à détruire les machines – notamment les métiers à tisser.

2. Le transhumanisme est un mouvement idéologique contemporain prônant l'usage des sciences et des techniques afin d'améliorer radicalement la condition humaine par l'augmentation des capacités physiques et mentales du corps humain et la suppression du vieillissement et de la mort.

L'artificialisation du monde

Début

Au commencement, nous voulûmes *domestiquer* le monde. Le loup devint chien ; l'incendie, feu de camp ; les matériaux – pierre, métaux, bois – des outils à notre main. Les animaux d'élevage ou de trait nous firent don de leur force. Les plantes et céréales poussèrent là où nous l'avions décidé. Plutôt que nous adapter au monde, nous adaptions le monde à nous.

Les autres n'eurent bientôt d'autre choix que de nous rejoindre. Nos terres ne convenaient plus à la vie nomade : nos cités et champs protégés n'offraient rien à chasser ni à cueillir, nos espèces domestiquées envahissaient les espaces naturels... La biodiversité s'étiolait à cause de cette sélection artificielle des espèces : blé, maïs ou riz, vaches, chèvres ou moutons proliféraient pour leur seul mérite de s'être montrés dociles à notre volonté. La Terre fut découpée en territoires, qu'il fallut défendre ou conquérir. Les armées grandirent de part et d'autre des frontières, les épidémies les franchirent au même rythme que les guerres.

Tout n'était pas parfait, certes, mais un progrès demeurait indéniable : plus jamais nos ventres ne s'inquiéteraient de la faim – à condition que la météo soit clémente.

Longtemps, l'énergie des animaux nous transporta, celles des fleuves et du vent nourrirent moulins et navires, celles du soleil et du feu nous réchauffèrent… Mais ces moteurs étaient par nature peu puissants, intermittents et capricieux.

Un beau jour, nous réussîmes à domestiquer la chaleur et le mouvement. Nous découvrîmes que le charbon, le gaz et le pétrole, qui gisaient sous nos pieds en quantités immenses, dégageaient en brûlant une énergie si puissante qu'elle pourrait alimenter une infinité de moteurs à volonté, de jour comme de nuit, et illuminer nos villes.

Nous décidâmes alors de *mécaniser* le monde. Nos outils s'animèrent et devinrent machines. Leurs mouvements imitèrent les nôtres, accomplirent nos durs labeurs avec une efficacité décuplée : chacune de ces machines avait l'efficacité d'une centaine d'entre nous ! Plutôt que de s'adapter au monde, elles adaptaient le monde à elles, le soumettaient à leur rythme et en déposaient les richesses à nos pieds.

Les plus sceptiques n'eurent d'autre choix que de suivre la cadence. Autrement, le train du progrès partirait sans eux. Notre puissance militaire, elle aussi décuplée par la mécanisation, finissait de persuader les plus réfractaires. Certains questionnèrent le sens et le but de cette accélération, mais une question plus urgente occupa bientôt toute la place : à qui les machines devaient-elles profiter ? Aux patrons qui les possédaient, ou aux ouvriers qui en assuraient le fonctionnement ? Nous nous écharpâmes ainsi quelques décennies sur la redistribution des richesses créées par notre « outil de production » – tandis que celui-ci engloutissait des stocks millénaires de matières et de carburants fossiles, aux quatre coins du monde. Peu à peu, nous devînmes nous-mêmes un rouage de cet outil, un maillon de la chaîne. Nos gestes devinrent répétitifs et standardisés, pour mieux s'adapter aux besoins des machines.

Tout n'était pas parfait, certes, mais un progrès restait indéniable : plus jamais nos muscles, nos bras et nos jambes n'auraient à se fatiguer. Nos esclaves énergétiques allaient tout porter, transporter, transformer à notre place.

Notre population se mit à croître, comme jamais auparavant, jusqu'à ce que chaque morceau de Terre appartînt à l'un d'entre nous. Nous édictâmes de nouvelles règles économiques pour permettre aux machines de satisfaire un nombre infiniment croissant de besoins et de désirs d'un nombre infiniment croissant d'humains. Une telle prouesse impliquait de tout calculer – les flux et les stocks d'énergie, de matière – pour tout optimiser.

Logiquement, nous commençâmes à *programmer* le monde. Ce dernier fut réduit en chiffres, en formules et en équations. Le réel tout entier devait être soumis à notre logique – ou plutôt à celle des machines, qui exigeaient que tout soit prédictible et quantifiable. La division scientifique du travail garantit que chaque humain devînt spécialiste d'une fonction spécifique et standardisée. Grâce aux sciences de l'ingénieur, à l'optimisation linéaire ou à la recherche opérationnelle, nous nous assurâmes que chaque décision personnelle profitât au bon fonctionnement du système, sans le moindre aléa. Les animaux et les plantes furent sélectionnés génétiquement pour un rendement optimal. Les matériaux et les sols furent artificialisés pour plus de performances. La cybernétique et l'informatique firent émerger la possibilité d'une technocratie, d'une « machine à gouverner » transformant la politique – dangereusement sujette à l'irrationalité des foules – en un processus technique, neutre et objectif. Plus rien ne devait être laissé au hasard. Plutôt que de s'adapter au monde, nos modèles – économiques et mentaux – adaptaient le monde à eux : vus du ciel, nos territoires étaient semblables à des circuits imprimés, perpendiculaires, fonctionnels et bien rangés, conformes à l'esprit de ceux qui les avaient programmés.

Les romantiques, les bucoliques, ceux qui préféraient emprunter des sentiers sans logique, n'eurent d'autre choix que de se plier au programme. Un exode massif leur fit quitter la nature pour rejoindre les métropoles, copiées-collées partout sur terre, où tout se décidait à distance. Nous étions ainsi des millions à veiller sur les machines, depuis nos écrans de contrôle, sans pouvoir rien décider : les règles gouvernaient à notre place. Sur les tableaux de chiffres, nous assistions à l'inéluctable triomphe de la logique sur le désordre apparent du monde. Seuls quelques îlots protégés – parcs naturels, plages tropicales ou forêts primaires – nous rappelaient l'anarchie des origines, quand nous partions en vacances. Cela nous rendait curieusement nostalgiques de voir ces écosystèmes, où nous n'avions pourtant jamais vécu, s'éteindre sous nos yeux, faute de temps et d'espace pour se régénérer. Car la même histoire se déroulait en nous, à l'ombre de nos pensées rationnelles : nous avions asséché nos mondes intérieurs, étouffé toute forme de vie n'entrant pas dans les règles et le modèle.

Tout n'était pas parfait, certes, mais un progrès restait indéniable : plus jamais le monde ne serait imprévisible. Même nos désirs et notre libre arbitre ne risqueraient plus de perturber la régularité des machines. Quels que soient nos affects, nos passions ou nos biais cognitifs, les algorithmes prendraient pour nous la décision optimale, en toute circonstance.

– III –

PAR LA FORCE DES CHOSES

«Si l'homme tient à sa survie en tant qu'espèce, il lui faut apprendre à s'émanciper des grands paradigmes qui le guident depuis les Lumières.»

Bruno Latour

14.

La technologie est-elle neutre ?

Comme toutes les questions capitales qu'on ne pose jamais, celle du discernement technologique (*de quel progrès avons-nous besoin ?*) suscite de prime abord des prises de position simplistes et des débats à l'emporte-pièce : très vite, on risque de demander à Pascal s'il est pour ou contre la 5G, les écrans, l'IA générative... En considérant de fait tous les usages de ces technologies « en bloc », comme si consulter un article scientifique sur ResearchGate était une activité comparable à celle de faire défiler indéfiniment des vidéos sur TikTok – les deux étant comptabilisés comme du *temps d'écran*.

À l'inverse, en cherchant à élaborer une réponse plus subtile, Pascal risque de tomber dans un piège tout aussi grossier : le relativisme, qui consiste à considérer la technologie comme « neutre » puisqu'elle n'est jamais « bonne » ou « mauvaise » qu'en fonction de l'usage qu'on en fait. Comme beaucoup, il voudra prendre l'exemple du couteau, lequel peut à la fois être utilisé pour se couper un morceau de fromage et pour tuer quelqu'un : l'utilisateur est seul décideur, seul responsable de la finalité qu'il donne à l'objet. Pour le couteau, c'est en effet indéniable, mais est-ce toujours le cas ?

Prenons l'exemple d'une technologie plus moderne, plus complexe : un algorithme de Facebook, conçu pour filtrer et hiérarchiser l'information que Pascal voit défiler sur son écran. Qui décide de sa finalité ? Pascal, qui l'alimente par ses données personnelles et ses likes ? Les utilisateurs ayant des préférences similaires aux siennes, qui entraînent l'algorithme à suggérer certains contenus ? Le concepteur de l'application, qui les incite à faire défiler et liker un maximum de publications ? Le développeur de l'algorithme, qui définit ses objectifs et sa logique ? Le marketing, qui fixe les indicateurs commerciaux à optimiser (nombre de vues, taux de conversion) ? Mark Zuckerberg, Peter Thiel, d'autres actionnaires, dont les revenus dépendent des performances du modèle économique de Facebook ? L'entreprise de ciblage marketing ou de propagande politique, qui dépense plusieurs millions de dollars par an en campagnes publicitaires ? OpenAI ou une autre entreprise d'IA, qui dépendent des données collectées par les réseaux sociaux pour entraîner leurs modèles ?

La liste pourrait défiler encore longtemps. Au bout du compte, il est impossible de répondre précisément à la question, mais une chose est certaine : Pascal décide moins des finalités de cet outil que ce dernier n'influe sur les siennes – son désir d'acheter tel ou tel produit, le temps qu'il passe sur la plateforme, son prochain vote… On est donc loin, très loin d'une technologie « neutre ».

La question est essentielle, tant l'usage induit par cette technologie pose de sérieux problèmes. De fait, l'algorithme de Facebook accélère la propagation de la désinformation, notamment sur le réchauffement climatique, il est systématiquement utilisé pour manipuler l'opinion et déstabiliser les régimes démocratiques en période d'élections, il enferme ses utilisateurs dans des chambres d'écho, les polarise les uns contre les autres, etc.

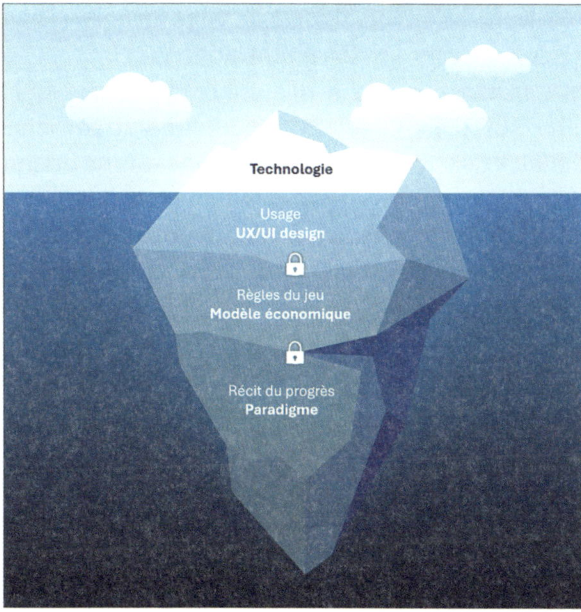

Figure 19. Iceberg du progrès technique. En n'observant que la partie émergée, on peut penser qu'une technologie est neutre et va de soi. Mais, sous la surface, elle repose sur des choix qui en déterminent les effets.

Et pourtant, on ne parle pas ici d'un outil comme X – anciennement Twitter – ouvertement instrumentalisé à des fins de propagande, mais d'une entreprise dont la mission officielle est de « donner aux gens le pouvoir de faire communauté et rapprocher le monde ». Alors, que se passe-t-il ?

Pour le savoir, il faut plonger pour découvrir la face immergée de l'iceberg (*Figure 19*).

La face émergée, nous la connaissons : il s'agit d'un algorithme qui filtre l'information que Pascal peut voir sur son flux d'actualité. Parmi des millions de publications d'autres utilisateurs et de publicités, il choisit simplement lesquelles afficher et dans quel ordre. A priori, c'est un « outil » plutôt inoffensif.

Mais, par-dessous, il y a des choix de design[1] qui visent à exploiter ses biais cognitifs, à sur-stimuler son circuit de récompense et sa sécrétion de dopamine, afin d'orienter son usage de l'application : maximiser le temps d'attention qu'il lui consacre et collecter un maximum de ses données personnelles, quitte à lui présenter des contenus de plus en plus polarisants, ou suscitant une réaction émotionnelle de plus en plus immédiate de sa part.

Ces choix de conception répondent eux-mêmes à un modèle économique qui repose sur l'économie de l'attention : chaque minute supplémentaire d'attention focalisée sur la plateforme augmente la valeur de cette dernière auprès des annonceurs, et chaque donnée que Pascal y dépose améliore sa capacité de ciblage.

Ce modèle économique, enfin, s'appuie sur une représentation du monde selon laquelle toute ressource naturelle est inépuisable, gratuite et doit être cultivée, industrialisée ou extraite à un rendement maximal, pour devenir une marchandise. En l'occurrence, ces ressources sont notamment les énergies fossiles et matériaux rares dont l'extraction est nécessaire pour que les data centers de Facebook puissent fonctionner, mais aussi les goûts et préférences de Pascal, son temps d'attention ou son désir de reconnaissance. En effet, derrière ces constructions sociales, il y a des processus cognitifs et physiologiques, des affects d'origine naturelle, fruits de millions d'années d'évolution, que l'entreprise cultive puis monétise auprès de ses annonceurs… polluant en

---

1. Le terme « design » regroupe ici toutes les étapes de conception d'une technologie, depuis la définition du problème qu'elle doit résoudre jusqu'à celle de l'interface par laquelle l'utilisateur interagit avec elle (appelée UI, pour *user interface*), ainsi que des schémas d'action et d'usage auxquels elle incite (appelée UX, pour *user experience*).

contrepartie les capacités de concentration, de discernement ou de délibération de ses utilisateurs.

Les nombreux problèmes soulevés par cette technologie sont donc moins imputables à l'objet technique en lui-même – qui ne fait *que* filtrer et hiérarchiser de l'information – qu'au moule dans lequel il est forgé, qui lui dicte ses finalités implicites. Si Facebook avait adopté le même modèle économique que Wikipédia, si les choix de conception de l'algorithme étaient réellement guidés par l'objectif de « rapprocher le monde » et d'amener des points de vue différents à se comprendre, le même objet technique aurait produit des effets radicalement différents.

15.

Système A

Le discernement technologique ne consiste donc pas à se positionner pour ou contre une technologie, mais à questionner les choix qui se cachent sous son apparente neutralité. D'une part, les choix de design qui visent à cadrer son usage dans des schémas d'action prédéfinis, que le psychologue James Gibson nomme *affordances* : une machine à laver très facile à utiliser mais presque impossible à réparer, un réseau social qui dissuade de publier des liens vers des sites externes... Et, d'autre part, les choix de modèle économique sous-jacents, qui fixent les règles du jeu pour que la valeur perçue par les utilisateurs de l'outil soit convertie en valeur financière : la capitalisation du fabricant de lave-linge dépend du volume de machines vendues – il n'a donc aucun intérêt à ce qu'on puisse les réparer aisément –, et celle du réseau social dépend du temps d'attention qu'il parvient à retenir – il n'a donc aucun intérêt à ce qu'on puisse aller voir ailleurs facilement.

Puisque ces choix sont en grande partie dictés par nos verrous systémiques, le discernement technologique consiste, in fine, à questionner la représentation du monde sous-jacente, le paradigme[1] à la source de ces verrous, que ces « choix » viennent renforcer. Car si la technologie se renouvelle sans cesse, le moule dans lequel elle est forgée reste le même. C'est ainsi qu'elle finit par donner l'impression d'être neutre et d'« aller de soi ».

Le progrès des Lumières, qui supposait la projection vers un idéal futur donnant un sens à nos décisions présentes, a laissé place à un progrès paradoxal, dont le projet est défini par sa propre inertie et dont les finalités s'imposent à nous. Chaque ajout d'outil à notre technosphère conforte notre système économique et nos systèmes de croyances, par la force des *choses*. Il est d'autant plus important d'en comprendre le sens : quel projet s'exprime à travers Pascal, malgré lui, dans chaque technologie qu'il invente, utilise ou finance ?

Ce sens actuel du progrès technique, nous le nommerons « système A », pour suggérer qu'une alternative est possible. Après tout, il est tout à fait envisageable de concevoir un lave-linge facilement réparable – proposé à la location plutôt qu'à la vente, pour ne plus indexer son chiffre d'affaires sur le volume de matière engloutie –, ou un réseau social ne phagocytant pas l'attention de ses utilisateurs – proposé sous forme d'abonnement progressif ou « freemium », pour ne plus reposer sur la publicité. Mais il est pratiquement impossible d'ériger ces designs alternatifs en standards sur leurs marchés respectifs car, bien qu'ils soient plus souhaitables que le design dominant, ils sont nettement moins compatibles avec le sens du système A – avec la force d'inertie des choses existantes.

À ce paradigme figé, cadenassé par nos verrous systémiques, on a coutume de donner toutes sortes de noms en -isme :

1. Le philosophe et historien des sciences Thomas Kuhn définit le paradigme d'une époque comme le modèle cohérent du monde (théories, croyances, méthodes et pratiques) qui la caractérise.

capitalisme, individualisme, extractivisme, productivisme, technosolutionnisme, prométhéisme, court-termisme, mercantilisme, matérialisme… Chacun de ces termes le décrit en partie. Mais le nommer, c'est aussitôt le restreindre et mettre en exergue une seule de ses dimensions – socio-économique, technologique, anthropologique, psychologique – au détriment des autres, sans parvenir à exprimer leurs interdépendances. Considérons plutôt ces doctrines comme les théorèmes de notre système A, découlant d'axiomes plus fondamentaux. C'est à ces fondations que doit remonter Pascal dans sa quête de discernement technologique : quels principes au cœur du progrès technique actuel, considérés à tort comme des vérités indiscutables, sont renforcés par chaque nouvelle technologie ?

16.

Rien ne se perd, rien ne se crée...

Dans *La Nouvelle Atlantide* (1627), Francis Bacon appelait à « reculer les bornes de l'Empire humain en vue de réaliser toutes les choses possibles », au prétexte que « tout ce qui est faisable est à faire, tout le faisable est un progrès ». Dix ans plus tard, dans son *Discours de la méthode* (1637), René Descartes abondait dans son sens : « Connaissant la force et les actions du feu, de l'eau, de l'air, des astres, des cieux et de tous les autres corps qui nous environnent », nous pourrions leur assigner tous les usages concevables « et ainsi nous rendre comme maîtres et possesseurs de la nature ».

On aurait tort d'en vouloir à ces grands penseurs de la modernité d'avoir formulé de tels principes, à une époque où le seul paradigme officiel était, depuis des siècles, décrété par l'Église. Non seulement ces idées furent nécessaires pour sortir du déterminisme religieux mais, sans les innombrables progrès qu'elles ont engendrés, nous n'aurions probablement pas les outils ni les connaissances nécessaires pour en faire aujourd'hui une lecture critique.

Ces axiomes se trouvent néanmoins au cœur du sens univoque que nous donnons au progrès et ont conduit à une autre forme de déterminisme, technologique celui-là, conditionné non plus par une autorité religieuse mais par les objets que nous sommes capables de fabriquer, et par leurs effets non maîtrisés. Notre pensée rationnelle, séparée de la nature et du corps par le dualisme cartésien, s'est fixé pour mission l'arraisonnement du monde, comme l'écrit Heidegger, son réagencement pour l'adapter à nous, son exploitation en tant que ressource et son assignation « par avance en tant qu'objet d'une calculabilité totale ».

Une caractéristique déterminante de ce projet réside dans son absence totale de limites, entérinée comme un principe fondamental de notre système économique en 1803, par ce célèbre sophisme de Jean-Baptiste Say : « Les ressources naturelles sont inépuisables, car sans cela nous ne les obtiendrions pas gratuitement. » CQFD. Ainsi, un homme ayant découvert par hasard une forêt millénaire, qui choisit d'en couper tous les arbres pour en faire commerce, contribue à la *création de valeur* puisqu'il transforme une ressource gratuite en marchandise monétisable. Le marché vient concrétiser l'arraisonnement du monde, en nous permettant de fixer, de façon logique, une valeur objective et rationnelle à tous les corps terrestres en fonction de l'utilité qu'ils présentent à nos yeux. La transformation de ces ressources naturelles – inépuisables et gratuites – en biens et services marchands est nommée « création de richesses » et devient la finalité de l'économie. Cette conversion de matières et d'énergie en choses utiles, auxquelles on assigne un prix et un propriétaire afin que nos tableaux de chiffres en reconnaissent l'existence, est nommée « technologie ». Le progrès technique est donc mis au service du transfert de la biosphère et de la lithosphère vers la technosphère : plus ce déplacement du naturel vers l'artificiel s'intensifie, plus nos indicateurs augmentent.

Pascal pourrait déjà réfuter, à l'aune de ses connaissances, la plupart de ces axiomes pourtant présentés comme raisonnables.

Il sait pertinemment que les ressources naturelles ne sont pas inépuisables, ni indéfiniment transposables. Il sait que l'être humain est indissociable de la nature et que notre milieu nous constitue de l'intérieur : à travers l'expression de nos gènes, l'eau qui nous compose, la nourriture que nous mangeons, la qualité de l'air que nous respirons, les milliards de bactéries de notre microbiote qui nous protègent et régulent nos humeurs, etc. Il sait que le corps et l'esprit sont indissociables, que nos émotions sont indispensables à la mise en œuvre de comportements rationnels[1]. Il sait que dégrader la santé des écosystèmes revient à dégrader la nôtre, que des polluants éternels et microplastiques circulent dans notre sang, que des poussières de pneus et de combustible empoisonnent nos poumons, que des molécules synthétiques dérèglent notre système endocrinien. Il sait que la création de richesses est directement proportionnelle à la destruction des écosystèmes, qu'on n'a encore jamais vu d'exponentielle bleue sans exponentielle verte – et qu'il s'agit là de la seule *destruction créatrice* observable. Il sait que la nature n'est gratuite qu'en raison des angles morts de nos calculs, qui ne tiennent compte ni du temps nécessaire à sa régénération, ni des services vitaux qu'elle nous rend. Il sait que notre économie revient en fin de compte à convertir cette nature en déchets après l'avoir consommée : extraire une matière biodégradable, digestible par des organismes vivants, donc toujours utile au système Terre, pour la réagencer en matériaux synthétiques, à jamais sortis du système. Au mieux, une part de ces matériaux est recyclée – au prix d'une consommation accrue d'énergie –, puis réutilisée dans d'autres produits, mais, à chaque cycle, une part de la matière est « perdue », c'est-à-dire transformée en polluants solides, liquides ou gazeux. Il sait qu'en réagençant le

1. Lire à ce sujet *L'Erreur de Descartes : La raison des émotions*, du professeur en neurosciences Antonio Damasio, Odile Jacob, 1995.

monde visible, nous désordonnons ses équilibres invisibles ; ce que nous gagnons en performance, nous le perdons en robustesse ; ce que nous suroptimisons, nous le déréglons.

Il sait ainsi qu'à l'échelle globale, rien ne se perd, rien ne se crée[1], tout se transforme : et si nous croyons que la *transformation* de notre milieu naturel en milieu technique *crée* systématiquement de la richesse, c'est faute de comptabiliser ce que nous y *perdons*.

Alors, comment se fait-il que cette représentation du monde, que Pascal pourrait réfuter par des centaines de travaux scientifiques, parvienne tout de même à s'imposer, depuis plus de deux siècles, comme notre modèle le plus raisonnable et cohérent de la réalité, que toute personne sérieuse se doit de corroborer ? Quelle autre idéologie dans l'Histoire peut se targuer d'avoir mis d'accord plus de 8 milliards d'êtres humains sur un paradigme et un système de valeurs partagés ? D'où vient cette réussite insolente ?

L'astuce, c'est qu'aucun prédicateur ne nous demande d'être convaincus par tous ces axiomes, de méditer sur leur sagesse ou d'en discuter les différentes interprétations possibles, en se rendant régulièrement à la messe ou à la prière. En vérité, que nous y croyions ou non n'a pas la moindre importance, tant que nous souscrivons aux choses qui en résultent et au modèle économique induit par leur prix sur le marché. En d'autres termes, nous pouvons trouver cette carte du monde erratique, délirante, nous pouvons estimer qu'elle ne reflète absolument pas la réalité de façon fidèle : le fait est que, malgré tout, nous nous y référons tous pour savoir ce que vaut un baril de pétrole, un arbre ou un dollar.

---

1. En réalité, la Terre perd continuellement une infime part de sa matière – de l'hydrogène, pour majeure partie –, mais l'affirmation reste valable : la construction de villes et de machines gigantesques n'a aucun effet sur sa masse ; il ne s'agit que d'un réagencement d'atomes déjà présents dans le système.

Rien ne se perd, rien ne se crée...

Lors de l'université d'été du Medef en 2023, Patrick Pouyanné, PDG de Total Energies, participait à une table ronde en compagnie de Jean Jouzel, climatologue et auteur du Groupe d'experts intergouvernemental sur l'évolution du climat (GIEC). Face aux appels répétés de la communauté scientifique à sortir immédiatement des énergies fossiles, le décideur s'est défendu : « Je connais et respecte l'avis des scientifiques. Le problème, c'est qu'il y a la vie *réelle*. » Derrière cette formule anodine se cache l'axiome le plus toxique de notre système A : le fait de conférer à notre modèle – notre abstraction restrictive du monde – un degré de réalité supérieur au monde lui-même. Comme si l'un pouvait passer avant l'autre, voire se passer de l'autre.

Ainsi, non seulement l'homme, maître et possesseur de la nature, doit considérer son milieu comme un objet calculable dont il est séparé. Non seulement toutes les choses faisables sont à faire et à voir comme des progrès inéluctables. Non seulement tous les écosystèmes doivent être transformés en systèmes techniques, plus performants. Non seulement ce projet n'admet aucune limite, car les ressources sont infinies. Mais si, au bout du compte, le modèle de la réalité qui résulte de ces principes se révèle aberrant, si les progrès de la science nous font comprendre ses effets dévastateurs sur le monde, nous ne devons en aucun cas changer de modèle – pour l'adapter au monde « nouveau » que nos connaissances dessinent –, mais plutôt redoubler d'efforts pour que le monde s'adapte à nos certitudes anciennes. En d'autres termes, notre réalité symbolique doit toujours primer sur la réalité physique, quitte à en faire sécession : quels que soient les ravages causés par notre aveuglement, nos technologies feront écran pour nous en préserver, dresseront des barrages entre leurs conséquences et nous.

Mettons que Pascal hérite d'une forêt pluricentenaire, sous laquelle gît une immense quantité de pétrole : une entreprise lui propose une fortune pour pouvoir déforester son terrain et y construire une bombe carbone[1]. Comme au chapitre 4, deux visions s'offrent à lui : d'un côté, la réalité physique – qui a ses lois objectives –, et de l'autre, notre *modèle* de cette réalité – qui s'appuie sur des règles du jeu, valables tant que tous les « joueurs » y souscrivent. Selon ces dernières, ce projet va créer de la valeur : Pascal peut non seulement le croire mais le démontrer par A + B, avec autant de certitude que la composition du CO_2, en s'appuyant sur des équations conçues pour rester aveugles à ce qu'il va dégrader par ailleurs : vitalité des sols, qualité de l'air, écosystèmes locaux, stabilité du climat, cycle de l'eau, etc. Bien sûr, ses connaissances scientifiques lui font comprendre que ces coûts existent réellement. Bien sûr, une émotion très concrète lui serre la poitrine quand il pense au monde qu'il va laisser à ses enfants. Bien sûr, sa volonté de rester en bonne santé, de manger des aliments de bonne qualité, de respirer un air pur entre en ligne de compte dans sa décision. Et, à bien des égards, ces différents angles de vue lui offrent une représentation plus juste, plus réaliste de la situation que sa modélisation économique simpliste. Le problème, c'est que notre modèle n'est pas qu'une abstraction : il est une prophétie auto-réalisatrice. La valeur théorique créée par ce projet – aussi contestable et imaginaire soit-elle – se concrétisera par une rente dont la valeur, elle, ne sera contestée par personne, et que Pascal pourra demain convertir en choses tangibles, notamment en artifices technologiques le préservant des effets de sa décision : filtres à air, capture et séquestration de carbone, géo-ingénierie, culture de cellules souches, drones pollinisateurs, voire bunker sur une île

1. En 2024, on compte environ 425 bombes carbones dans le monde : des infrastructures d'extraction d'énergies fossiles à très grande échelle, hypothéquant à elles seules tout espoir de respecter l'accord de Paris. Chacune émet plus de 1 milliard de tonnes de CO_2 sur toute sa durée de vie.

artificielle si les choses tournent mal[1]. Le modèle incite donc Pascal à rester aveugle aux portées réelles de son choix, en lui formulant la promesse implicite de «performer» la réalité, c'est-à-dire de s'imposer comme une réalité d'ordre supérieur. Il lui murmure en quelque sorte: «Joue le jeu et je te mettrai à l'abri du réel, crois à ma représentation du monde et je ferai écran devant tout ce qui ne s'y conformera pas.» Pour profiter demain de cette corne d'abondance artificielle – d'autant plus préférable à la réalité naturelle qu'elle aura précipité son délitement –, il suffit à Pascal de consentir à fermer les yeux sur ce projet d'extraction, qui offrira l'énergie nécessaire au modèle pour tenir sa promesse.

L'illusionnisme technologique n'est donc pas une conséquence accidentelle de notre système A: il en est un principe fondamental. Si nous pouvons encore nous convaincre d'accélérer l'artificialisation du monde, c'est uniquement parce que nous *croyons* à la possibilité d'une bulle, façonnée par nos règles du jeu, dissociée des milieux naturels et des désordres irrémédiables que nous aurons causés. Implicitement, il est clair que cette échappatoire a un prix, et que les places seront chères. C'est pourquoi les décideurs comme Pascal, consciemment ou non, ont intérêt à «jouer le jeu», quels que soient leurs connaissances et leurs affects. C'est pourquoi les cerveaux les mieux payés du monde travaillent à perfectionner cette bulle – digitale, virtuelle, artificielle – et à parfaire son réalisme, plutôt qu'à trouver des solutions intelligentes aux problèmes réels. C'est pourquoi, en tant qu'électeurs ou consommateurs, nous avons tendance à privilégier la «vie réelle» dont parle Patrick Pouyanné plutôt que celle dont parlent les scientifiques. C'est pourquoi notre système est tout à la fois capitaliste, extractiviste, technosolutionniste, court-termiste, productiviste, prométhéiste, individualiste,

1. On pourra compléter cette liste avec tous les autres «rêves d'escapade» mentionnés dans ce livre.

mercantiliste et matérialiste : ces idéologies complémentaires objectivent notre foi en la prééminence des systèmes techniques sur les systèmes naturels.

Ainsi, Pascal peut *savoir* que ce projet va détruire plus de valeur qu'il n'en créera, il peut l'*étayer* par des dizaines d'articles scientifiques, il peut le *sentir* dans chaque fibre de son corps... Mais il ne pourra jamais le *démontrer* à un économiste. À moins de calculer le prix de chaque service écosystémique rendu par cette forêt, c'est-à-dire de poursuivre l'arraisonnement du monde en quantifiant l'inestimable, en attribuant de fait une valeur à chaque arbre en fonction de son utilité manifeste – CO_2 séquestré, oxygène émis, eau de pluie retenue, espèces abritées – et en conférant à ce modèle économique simpliste un degré de réalité supérieur à l'écosystème qu'il représente. Au bout du compte, face à la démonstration de Pascal, l'économiste froncera les sourcils, effectuera quelques recherches sur son téléphone et rétorquera, soulagé : « Je viens d'apprendre qu'Elon Musk a financé une technologie séquestrant +12 % de CO_2, abritant + 3 % d'espèces et retenant +1,5 % d'eau de pluie au mètre carré. » Ainsi, la prééminence de notre technosphère sur la biosphère en sortira renforcée, la notion de valeur étant intrinsèquement biaisée pour surestimer les potentialités que nous offre la technologie et masquer ce qu'elle détruit, sous le tapis de ce qu'on ne peut ni calculer ni modéliser.

Inversement, sans l'illusionnisme technologique, sans cette croyance implicite qu'en poussant le progrès technique à son paroxysme, nous pourrons vivre à l'abri de ses conséquences, notre représentation du monde s'affaisserait sur elle-même et une part considérable de notre technosphère perdrait instantanément son utilité, donc sa valeur.

17.

Une prophétie auto-réalisatrice

🔒7 Technocosme

Notre progrès à sens unique découle par conséquent d'une prophétie auto-réalisatrice : nous voulons croire en la possibilité d'une bulle, d'une frontière parfaitement étanche entre l'homme et son milieu naturel, et nous faisons tout ce qui est en notre pouvoir – c'est-à-dire tout ce que la technologie nous permet de faire – pour corroborer cette croyance. Nous bâtissons ainsi un modèle réduit de la réalité, un *technocosme* au sein duquel nos règles du jeu priment sur les lois naturelles, grâce à l'illusionnisme technologique.

Nos marchés financiers, nos grandes villes et nos écrans numériques sont trois exemples de milieux artificiels qui nous paraissent plus concrets, plus sensibles, plus aptes à nous affecter, et même plus cohérents que les écosystèmes. Et pour cause : nous y passons le plus clair de notre temps. L'écrasante majorité des images que nous percevons sont manufacturées – écrans, publicités, paysages urbains, industriels, agricoles –, de même que les matériaux que nous touchons, les odeurs que nous sentons ou les bruits que nous entendons. Quelle que soit notre interface au monde, le technocosme s'interpose entre nous et lui. Même les concepts auxquels nous pensons (taux d'intérêt, dégât

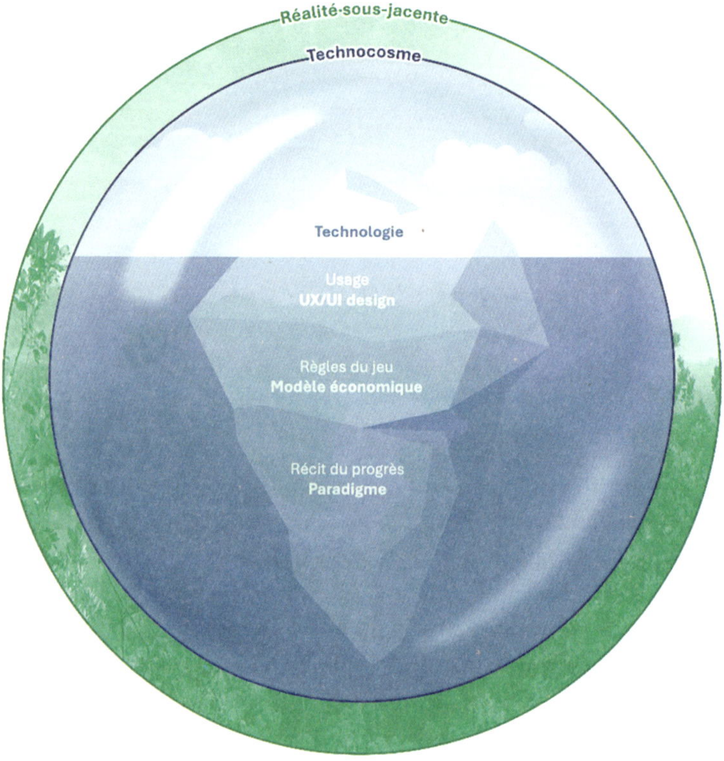

Figure 20. Technocosme *vs* réalité sous-jacente.

des eaux, rupture de stock) ou les objectifs que nous poursuivons (likes, followers, revenu, PIB) nous confinent dans une boucle d'abstraction de la réalité physique, faisant sans cesse référence à elle-même. De sorte que le monde naturel est mis à distance de nos perceptions et de nos préoccupations (*Figure 20*) – loin des yeux, loin du cœur.

Ainsi, par la force des choses, nous pouvons, comme Pascal, nous persuader que les croyances au fondement du système A se vérifient chaque jour un peu plus, et circonscrire les preuves de leur irréalisme et de leur inconséquence – bien qu'elles soient de plus en plus édifiantes – à l'extérieur de nos bulles, donc à la frange de l'imperceptible. Plus cette réalité lointaine nous apparaît menaçante, plus nous redoublons d'efforts et d'investissements pour perfectionner nos artifices, afin de renforcer le réalisme du technocosme et son étanchéité présumée.

Pour illustrer ce phénomène, supposons que Pascal utilise une technologie névrotique : à l'instar de sa cliente au chapitre 10, il se fait confectionner un avatar ultra-réaliste d'un ami décédé, pour pouvoir discuter quotidiennement avec lui, comme de son vivant. L'IA conçue par l'entreprise se nourrit de toutes ses conversations connues pour construire un modèle crédible des phrases probables que cet ami pourrait prononcer. Aux yeux du marché, cette technologie crée de la valeur en apportant une satisfaction immédiate à Pascal, même s'il sera évident pour tout le monde – sauf un économiste orthodoxe – qu'elle en détruit, en engloutissant une quantité colossale de matières et d'énergie au service d'un déni de réalité. Si Pascal faisait preuve de discernement, il comprendrait vite que cette « solution » retarde en fait la résolution de son problème véritable : faire le deuil de son ami, accepter qu'il ne soit plus là. Mais, tant qu'il souscrit à la réalité de cette bulle, tout va pour le mieux : la valeur créée lui paraît tangible alors qu'il n'a aucune conscience de la valeur détruite.

Cette diversion, toutefois, ne peut être que temporaire. Au bout de trois semaines, Pascal en vient à l'inévitable prise de conscience : son ami virtuel formule une phrase que son ami décédé n'aurait jamais pu prononcer, s'aventure sur un sujet dont ils n'avaient jamais discuté par l'intermédiaire d'un écran – seulement face à face – et perd toute sa vraisemblance, en quelques secondes... L'illusion est rompue.

Quelle est alors la réaction de Pascal ?

Option 1 : *Sortir du déni, faire preuve de discernement. Pascal voit dans cet incident un appel à une prise de conscience plus large. Il veut sortir de l'illusion, arrêter de croire à des réalités artificielles au prétexte qu'elles sont plus confortables.*

C'est l'option la plus souhaitable, mais de loin la plus difficile. Car, même s'il parvient à faire son deuil, Pascal souscrit à de nombreuses autres bulles qui le maintiennent à l'écart du monde réel.

À commencer par le numérique, bien sûr. Si Pascal ne croit plus à l'avatar de son ami décédé, mais est capable de dire qu'il « discute » avec ChatGPT ou lui « demande son avis », sa prise de conscience aura été très superficielle. En effet, le choix de présenter les IA génératives sous la forme de robots conversationnels (chat-bots) relève d'une même volonté de duper son discernement. Le succès de ces interfaces repose sur un jeu d'imitation, dans la parfaite lignée du test de Turing[1] : une mise en scène favorisant l'anthropomorphisme afin de les rendre *indiscernables* d'interlocuteurs humains, aussi bien pour une conversation écrite que pour un appel vocal ou vidéo. Le vertige provoqué par l'essor des IA génératives tient moins à leur intelligence qu'à la façon dont cette dernière est mise en spectacle : on croirait parfois reconnaître un élève modèle, pris en défaut de n'avoir pas véritablement compris sa leçon. Un tour d'illusionnisme, grandement facilité par un autre avant lui : la « dématérialisation » de nos communications, terme trompeur puisqu'il signifie que nos échanges passent par l'intermédiaire d'outils numériques – loin d'être « immatériels » puisqu'ils contiennent à peu près le tiers du tableau périodique des éléments.

1. Le test de Turing est une évaluation d'intelligence artificielle fondée sur la faculté d'une machine à imiter la conversation humaine (voir la partie IV).

De même, si Pascal espère se reconnecter au réel depuis son écran, grâce à Internet, il risque au contraire de s'enfermer un peu plus dans sa bulle de filtres. L'algorithme de Facebook, évoqué au chapitre 14, lui présentera comme toujours une réalité filtrée pour corroborer son système de croyances. Le phénomène, à l'évidence, s'étend bien au-delà de ce réseau social. D'Instagram à YouTube, de Google à TikTok, des métavers aux applications de rencontre, les plus grandes réussites commerciales du Web s'appuient sur cette même promesse d'une bulle personnalisée selon les penchants et préférences de chaque utilisateur, lui présentant une réalité sur mesure, implicitement préférable à la réalité objective – trop complexe, frustrante ou ennuyeuse – et justifiant donc un transfert massif de son temps d'attention vers l'écran.

La Silicon Valley prospère ainsi sur sa capacité spectaculaire à générer de nouveaux milieux artificiels, aisément assimilables à une réalité d'ordre supérieur : dorénavant, c'est « là » (sur ordinateur, sur Internet, sur Facebook, sur iPhone, sur les métavers, sur Instagram, sur ChatGPT) qu'il faut être, car c'est « là » que tout se passe. On peut voir dans ces « lieux », symboliques et hors sol, la prophétie auto-réalisatrice d'un esprit affranchi du corps : on bâtit des environnements abstraits, toujours plus complexes – au prix d'un réagencement pharaonique de matière et d'énergie –, offrant l'illusion de se soustraire à la réalité physique.

Même si Pascal éteint tous ses écrans, cet illusionnisme le poursuit. Car la réalité de ces milieux artificiels est d'autant plus indiscutable qu'ils constituent une excroissance du marché, donnant lieu à une création de richesses bien tangible. Les environnements numériques sont ainsi conçus comme des « plateformes », des territoires à construire dont les pionniers peuvent devenir millionnaires, à l'instar de ceux de la ruée vers l'or, en s'en appropriant une parcelle et en y faisant commerce. Ainsi sont nées des fortunes bien réelles : de la création d'un site Web affichant un million de publicités de la taille d'un pixel, de la publication de vidéos de chats mignons sur YouTube, du développement de jeux addictifs auxquels il est impossible de gagner sans acheter de contenus payants, d'une cryptomonnaie dont la valeur est multipliée par 100 alors que personne ne peut dire son utilité, du matraquage quotidien de publicités déguisées par une influenceuse beauté, de l'achat de NFT[1] représentant des territoires virtuels dans un métavers...

À la manière d'une pyramide de Ponzi, la fortune de ces pionniers encourage de nouvelles vagues de colons à investir cette bulle et à y souscrire, lesquels en persuadent d'autres à leur tour, et ainsi de suite jusqu'à ce que ce soit en effet « là » que tout se passe. Dès lors, impossible de remettre en question la réalité de ce lieu virtuel, qui abrite un marché si complexe, riche de tellement de contenus et de services qu'on pourrait l'explorer des années entières sans pouvoir en faire le tour – une abstraction du monde.

De la même manière, la bulle du marché façonne d'autres milieux, tout aussi artificiels mais bien physiques. De fait, lorsque Pascal sort de son appartement pour se promener en ville, il n'atterrit pas sur un sol réel. Une métropole – a fortiori une mégapole, une mégalopole – est en elle-même une bulle d'abstraction des milieux naturels, dans laquelle s'enracine la prophétie auto-réalisatrice de l'arraisonnement du monde, où nos principes de gestion priment sur les lois naturelles, où nos systèmes techniques priment sur les écosystèmes. Loin des équilibres mouvants de la biosphère, chaque mètre carré s'y voit assigner un propriétaire, une valeur et une fonction prédéfinie (commerces, logements, bureaux). Il arrive à Pascal d'emprunter l'ascenseur, sa voiture puis un escalator pour se rendre à la salle de sport, afin de courir sur un tapis

1. De l'anglais « *non-fungible token* » : un NFT est un jeton informatique portant un identifiant unique et authentifié permettant d'établir un contrat de propriété sur un objet virtuel, par exemple une œuvre d'art numérique.

roulant. Mais, pour que ce milieu façonné par la technique puisse fonctionner, il faut que le monde naturel, bien qu'à distance, soit mis à son service. L'agriculture, l'élevage et la production industrielle dont une ville est à 100 % dépendante sont externalisés à des dizaines, des centaines, voire des milliers de kilomètres : une utopie, au sens littéral – étymologiquement, « ce qui n'a pas de lieu ». Que la métropole se trouve en Chine, en Afrique du Sud ou au bord de la Méditerranée, elle proposera les mêmes nourritures, les mêmes vêtements, les mêmes marchandises. Cette illusion de *non-lieu* n'est soutenable que dans un monde où le coût du transport est marginal, c'est-à-dire où la puissance énergétique nécessaire à l'acheminement de ces marchandises est extrêmement abondante et abordable : un monde permis par la manne providentielle des énergies fossiles. Aussi, à l'heure où l'*open bar* énergétique et matériel est remis en question, où même les économistes orthodoxes parlent de sobriété, le fait que personne ou presque ne remette en cause la concentration urbaine exponentielle – et qu'il soit même préconisé de l'accélérer pour réaliser des économies de chauffage[1] – montre que le discernement, là encore, n'est pas notre priorité.

Le moins que l'on puisse dire, c'est que l'option 1 – celle de l'aveugle cherchant véritablement à prendre conscience de ce qu'est un éléphant – n'est pas encouragée par nos milieux artificiels, ce technocosme où nous passons l'essentiel de notre temps (*Figure 21*). Raison pour laquelle il est en lui-même un verrou systémique.

D'autant qu'il nous propose deux autres options, nettement plus confortables.

1. L'idée de densifier certaines banlieues pavillonnaires sur le modèle des centres-villes reste pertinente si et seulement si ce gain d'efficience (lié à la mutualisation de l'énergie, des transports et infrastructures) se traduit par la renaturation d'autres zones artificialisées (et non par un effet rebond).

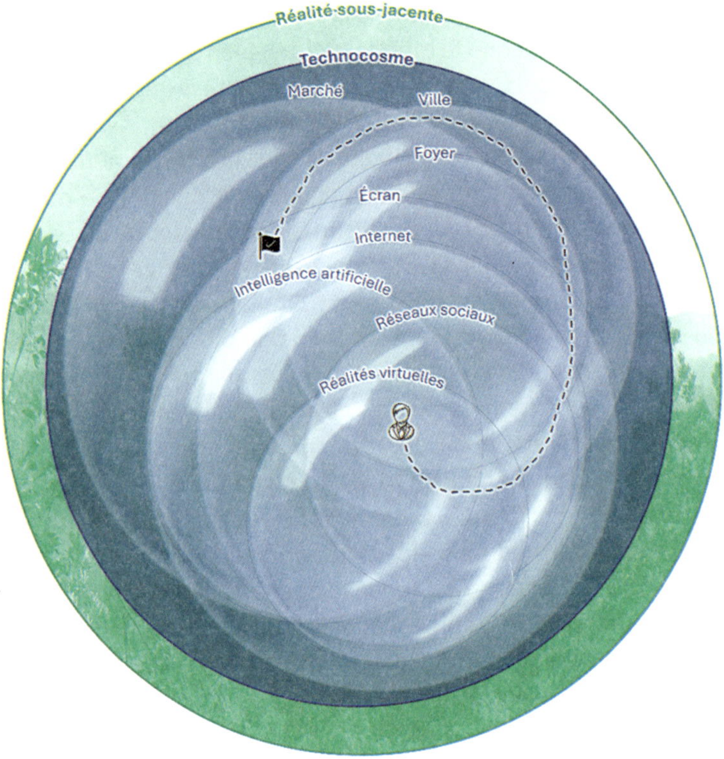

Figure 21. Pérégrination de Pascal dans l'enchevêtrement de bulles qui composent notre technocosme, corroborant son système de croyances et le dissociant de la réalité sous-jacente.

Option 2 : *Épaissir la bulle, renforcer l'illusion. Pascal écrit à l'entreprise qui a développé son ami virtuel ou publie un commentaire en ligne, s'indignant de ce manque de réalisme. Quelques semaines plus tard sort une nouvelle version, dont l'entreprise garantit qu'elle produit des résultats «plus vrais que nature». Une option réservée aux clients Premium+ permet* *même d'interagir avec une déclinaison 4K de son avatar, en réalité virtuelle. Pascal s'empresse de débourser les 30 euros mensuels supplémentaires : nouvelle création de valeur.*

C'est l'option par défaut, celle que nous choisissons le plus souvent par commodité : exiger que nos artifices soient plus réalistes, que nos IA soient plus vraisemblables, que nos écrans aient une plus haute définition, que nos bulles numériques, financières et urbaines soient plus étanches à la réalité du monde, mieux à même de tromper notre discernement.

Cette quête d'une illusion toujours plus perfectionnée est au cœur du rebond des émissions de CO_2 des entreprises de la *tech*, et il est raisonnable de penser qu'elle est un des principaux moteurs du progrès technique, donc de nos exponentielles bleues... donc des exponentielles vertes.

Combien de ressources naturelles devront être englouties pour satisfaire au caprice de Pascal ? Après qu'en 2014 AlphaGo, une intelligence artificielle développée par la société DeepMind, eut battu le champion du monde Lee Sedol au jeu de go, le chercheur et professeur José Halloy s'est amusé à calculer le coût énergétique de cette victoire. Tandis que l'intelligence du Coréen fonctionne à une puissance de 20 watts, il a estimé que les 1 378 processeurs de son adversaire tournaient à 155 kilowatts – soit l'équivalent de 7 750 cerveaux. Même en considérant la consommation d'énergie totale du corps humain – à raison d'un très généreux apport de 2 500 kilocalories par jour –, Lee Sedol a consommé en 34 ans de vie 130 gigajoules, ce que la machine consomme en... 10 jours seulement. L'IA est donc 1 241 fois moins efficiente en énergie qu'un être humain façonné par l'évolution. Et encore, pour que la comparaison soit juste, il faudrait rappeler que ces 130 gigajoules ont permis à Lee Sedol d'exercer son intelligence à quantité d'autres choses qu'au seul jeu de go, contrairement à l'algorithme de DeepMind. Il faudrait également tenir compte, pour ce dernier, de la consommation énergétique et matérielle des data centers ayant permis d'entraîner son modèle ; de l'empreinte des matériaux sur lesquels il repose, sur tout leur cycle de vie ; des milliers d'heures passées par des ingénieurs, parmi les plus brillants du monde, à le concevoir et optimiser ses performances, etc. Au bout du compte, il apparaîtrait que nous nous sommes livrés à un réagencement *invisible* et *incommensurable* de matière et d'énergie, afin de conférer à l'intelligence artificielle un caractère *tangible* et *indiscutable*, par la force des choses. Un tour d'illusionnisme au service d'une prophétie auto-réalisatrice.

Le sens du technocosme peut se résumer à cela : rendre notre abstraction du monde plus tangible que le monde lui-même.

Visuellement, nous poussons cette logique à son paroxysme. Lors d'un voyage à Las Vegas, Pascal a pu assister à un concert dans la Sphere (*Figure 22*), un gigantesque globe à l'intérieur duquel des décors imaginaires sont projetés en ultra-haute définition sur un écran enveloppant les spectateurs à 360 degrés. Le moment qui l'a le plus marqué figurait un lever de soleil sur une plaine désertique, à perte de vue. Un spectacle de carte postale, qui a instantanément convaincu les trois quarts des spectateurs, dont lui-même, de sortir leur téléphone afin de filmer la scène. Combien y avait-il de bulles d'abstraction enchevêtrées à cet instant précis ? Une première s'efforçait de procurer à Pascal, par une image fictive, l'émotion d'un lever de soleil véritable, visible à 20 kilomètres de là. Une seconde le persuadait qu'il était préférable de regarder cette image avec sa prothèse numérique plutôt qu'avec ses propres yeux, qui s'en souviendraient moins précisément et sauraient moins la retranscrire à ses proches. Une troisième s'ajouta quand il publia sa vidéo tout juste enregistrée sur Instagram, alors que le spectacle se poursuivait devant lui. Une quatrième, quand un ami la commenta puis la republia

Figure 22. Photo prise à l'intérieur de la Sphere, à Las Vegas.

en l'ayant à peine visionnée, simplement pour attirer quelques secondes d'attention sur lui. Une cinquième encore, lorsqu'une IA générative s'appuya sur les centaines de photos et vidéos publiées du concert – dont la sienne – pour créer une infinité de nouvelles images. Et ainsi de suite, dans une boucle d'abstraction sans limite, qui aboutit à ce qu'aujourd'hui un collègue de Pascal publie sur LinkedIn la vidéo d'un lever de soleil générée par IA, assortie de ce commentaire : « L'époque où il fallait se lever à l'aube et escalader une montagne pour capturer cette vue imprenable est révolue. À présent, chacun peut créer des chefs-d'œuvre depuis son canapé. Vive la technologie ! »

Un mécanisme similaire est à l'œuvre sur les marchés financiers. À combien de bulles d'abstraction sommes-nous désormais du marché d'origine, ce lieu physique situé au centre d'une ville, où un producteur de la nature environnante se rend chaque semaine pour y vendre, disons, ses tomates ? Depuis, les sociétés anonymes ont permis à ce producteur de se constituer en personne morale, afin de regrouper ses investissements avec ceux d'autres producteurs, transporteurs, distributeurs et ainsi de réaliser des économies d'échelle. Le marché s'est également mondialisé, autorisant un consommateur de Chicago à acheter une tomate espagnole à un coût plus faible que celle poussant à 50 kilomètres de chez lui. Il s'est aussi dématérialisé, offrant la possibilité d'acheter non plus seulement des tomates mais des parts du capital de l'entreprise leader de la tomate en Europe et en Amérique.

De même, on peut s'échanger des options sur ces actions[1], pour parier sur l'évolution de leur prix. Ainsi que des produits dérivés de ces options, pour profiter d'un effet de levier sur leur attractivité croissante. Et puis des assurances, pour se couvrir du risque lié à ces produits dérivés... Et ainsi de suite, dans une boucle d'abstraction sans limite, qui aboutit aujourd'hui à ce que, pour chaque dollar de biens et services réels échangé sur les marchés, on compte environ 5 à 6 dollars de produits dérivés[2].

Chaque couche d'abstraction supplémentaire du technocosme se voit alors conférer un degré de réalité supérieur aux couches sous-jacentes.

Il en va de même pour l'urbanisation, qui a pour effet de concentrer tout le pouvoir de décision politique et économique dans les métropoles, mégapoles et mégalopoles, soit toujours plus à distance des milieux naturels – donc des conséquences visibles de cette artificialisation. Pourtant, même la ville la

1. Une option sur action (ou «*equity option*») est un contrat qui donne au titulaire le droit d'acheter ou de vendre une action sous-jacente à un prix d'exercice prédéfini, avant ou à la date d'expiration.

2. La valeur notionnelle des produits dérivés représentait fin 2019 plus de 558 000 milliards de dollars, soit plus de 600 % du PIB mondial (source: https://theothereconomy.com/fr/fiches/les-produits-derives).

plus « propre » et la plus « verte » – qui favorise les transports en commun et les moteurs électriques, bannit les pesticides sur son territoire, réintroduit des espèces d'oiseaux dans ses parcs, compte un magasin bio à chaque coin de rue – est indissociable des milliers d'hectares de monoculture, de déforestation et d'extraction minière intensives, de l'élevage et du chalutage industriels qui permettent son existence. De même que l'utilisateur d'iPhone fait abstraction de la chaîne logistique ultra-complexe ayant permis l'assemblage de 30 métaux, terres rares et minerais extraits aux quatre coins du monde, le décideur des villes fait abstraction des millions de tonnes de charbon, de pétrole, d'intrants chimiques et de déchets qui se cachent derrière l'apparente pureté des façades et vitrines. Aussi, quand cette réalité sous-jacente se rappelle à lui sous la forme de risques nouveaux – pollution de l'air, canicules, pandémies, inondations, ruptures d'approvisionnement –, il accentue ce réagencement de matière et d'énergie pour s'en préserver, bâtissant une ville encore plus « sobre » et « résiliente », assujettissant d'autant plus le monde naturel à sa logique et ses besoins. Et même quand il réintègre la nature à ses plans d'urbanisme, il s'agit souvent d'une nature conçue comme une technologie, réduite à son intérêt manifeste : des arbres arrachés à leur écosystème pour la fraîcheur et la qualité de l'air, des ruches sur les toits pour avoir des fleurs au printemps, des serres verticales pour la résilience alimentaire... Une abstraction de la réalité naturelle, réifiée, limitée à l'infime portion de sa valeur que nos modèles reconnaissent, mais qui lui paraît plus tangible, plus réelle que les écosystèmes lointains dont nous dépendons tous (*Figure 23*).

Le problème fondamental de cette option 2, si confortable, est qu'elle nous rend aveugles aux limites et aux seuils de contre-productivité. Nous avons besoin des villes, du numérique et des marchés mais, au-delà d'un certain stade, la complexification de

Figure 23. Image d'une « ville du futur », tout en verdure et en lignes épurées (Source : Vincent Callebaud). L'image de la réalité sous-jacente à cette bulle (mines, cultures, déchets...) n'a pas été fournie.

ces milieux artificiels s'obtient au détriment du monde réel et ne paraît soutenable que grâce à des tours d'illusionnisme technologique. Bulle après bulle, le progrès technique finit par être mis au service d'un déni de réalité : chaque fois que cette dernière contredit nos modèles, nous enrichissons le technocosme d'une nouvelle couche d'abstraction pour croire qu'elle s'y conforme toujours.

De sorte que l'option 3 devient de plus en plus valable.

Option 3 : *Croire le modèle, le faire primer sur la réalité. Pour éviter toute réalisation douloureuse, Pascal parvient à se convaincre que l'anomalie n'en était pas une : après mûre réflexion, son ami aurait sans doute pu prononcer cette phrase. D'ailleurs, qui est-il pour décréter ce qu'il aurait réellement pu dire* *ou ne pas dire ? Cette IA s'est entraînée sur des milliers de conversations, y compris avec d'autres gens : sans doute connaît-elle finalement son ami défunt mieux qu'il ne le connaissait lui-même. Alors, si elle lui prête ces mots-là, c'est qu'elle doit avoir raison.*

« Je ne crois que ce que je vois » : des générations de sceptiques ont prononcé cette phrase. Mais, en 2025, les choses ne sont plus si simples : il est devenu naïf de croire aveuglément ses perceptions. Si l'apôtre Thomas vivait aujourd'hui, lui qui refusait de croire à la résurrection du Christ avant de l'avoir vu de ses propres yeux, quelle serait sa réaction devant des dizaines de vidéos générées par IA, montrant Jésus déjeunant dans un fast-food de Jérusalem, ou montant dans le jet privé de Donald Trump ?

De même, si Pascal « ne croit que ce qu'il voit », ce dont il peut faire sensoriellement l'expérience, l'existence de son ami virtuel est plus crédible que celle du réchauffement climatique ou du déclin de la biodiversité, étayée sur plus de mille pages de symboles et de schémas par les scientifiques du GIEC et de l'IPBES[1]. Il lui est plus facile de croire à la valeur d'un pot de Nutella ou d'un yaourt au soja, reflétée par leurs prix, qu'à celle des forêts tropicales qu'il a fallu détruire, en Amazonie ou en Indonésie, afin que ces produits soient disponibles en supermarché. Personne n'aura besoin de le convaincre de l'impact qu'une hausse des prix de l'essence ou de son abonnement Netflix peut avoir sur son quotidien, tandis qu'une part de lui doute encore que la fonte des glaces de l'Antarctique et du permafrost puisse avoir une véritable incidence sur son existence.

De sorte que nous arrivons au stade où la « vie réelle », selon les termes de Patrick Pouyanné, prime sur la réalité extérieure

1. L'IPBES est à la biodiversité ce que le GIEC est au climat : une plateforme intergouvernementale qui fournit aux décideurs politiques des évaluations scientifiques objectives sur l'état des connaissances (académiques et non académiques) sur la biodiversité et les services écosystémiques.

à notre bulle, décrite par la science. Car elle est devenue plus facile à croire, par la force des choses qui nous enveloppent.

Chaque aveugle de la fable dispose à présent d'un casque de réalité virtuelle, avec lequel il peut non seulement toucher mais « voir » un tronc plutôt qu'une patte d'éléphant, un serpent plutôt qu'une trompe, une corde plutôt qu'une queue... En outre, chacun se trouve entouré d'autres aveugles, persuadés de voir la même réalité que lui. Inévitablement, les plus convaincus d'avoir affaire à une corde se regroupent en chapelle, se polarisent contre les partisans du tronc d'arbre, tout aussi certains d'être plus lucides et mieux informés. Et personne ne modifie sa représentation du monde, ni même ne se soucie du monde réel.

Ce phénomène d'hallucination collective ne se limite pas à nos yeux : dans bien des situations, nos modèles s'imposent comme la seule réalité concevable.

Sur les marchés financiers, les équations savantes qui permettent de prédire le prix des produits dérivés tombent d'autant plus juste que la plupart des banques et fonds d'investissement les utilisent à l'identique. C'est le cas, par exemple, de l'équation de Black & Scholes, qui permet de prévoir le prix des options : la valeur ainsi calculée est d'autant plus *réelle* que tout le monde utilise le même modèle, donc la tient pour *réelle* – une bulle auto-réalisatrice.

De la même manière, n'importe quelle compagnie aérienne, entreprise hôtelière ou salle de spectacle pratiquant le *yield management*[1] sait que, dans certaines conditions, augmenter le tarif d'une chambre ou d'un siège est performatif : à service

1. Le *yield management* est une technique marketing qui consiste à adapter la tarification d'un service, en temps réel, aux besoins et aux comportements des clients ainsi qu'à l'état de l'offre et de la demande, afin de maximiser le chiffre d'affaires de l'entreprise.

égal, le client perçoit une valeur supérieure, parce qu'il a payé plus cher.

À une échelle plus globale, le PIB est un parfait exemple de chiffre totem, auquel nous accordons un degré de réalité supérieur à ce qu'il modélise, puisque nous sommes ouvertement prêts à sacrifier la réalité naturelle en son nom.

Par-delà l'économie, Pascal connaît aussi le pouvoir autoréalisateur des modèles de données qui, invisibles, façonnent nos milieux numériques. Combien de fois un chargé de clientèle lui a-t-il refusé un traitement particulier au prétexte, bien commode, que la machine ne lui permettait pas de « sortir du process » ? Combien de vendeurs n'ont pu modifier sa commande ou accepter un échange, au motif qu'ils n'avaient « pas la main » sur le système ? Combien de temps s'est-il perdu dans le labyrinthe d'un service vocal automatisé, car aucune option proposée ne correspondait à sa demande ? Combien de fois lui a-t-on promis que le nouveau logiciel allait s'adapter à son métier, alors que ce serait l'inverse ? Par ces milliers de situations apparemment anodines, la réalité peu à peu se conforme à nos modèles simplistes, de sorte que les cas particuliers sortant des schémas d'usage préconçus tendent à disparaître, par la force des choses – ce qui rend la réalité d'autant plus programmable et automatisable, et ainsi de suite.

À plus grande échelle, la modélisation de nos relations par les réseaux sociaux, fondée sur une conception purement quantitative de la valeur sociale – estimée en likes et en followers, c'est-à-dire en nombre d'attentions que nous parvenons à capter, quelle que soit la qualité de cette attention ou du contenu proposé –, a des conséquences bien réelles sur la grande conversation humaine et le type de discours à même d'y gagner en influence... Pour le plus grand bonheur des propagandistes et charlatans du monde entier, et au détriment des propos nuancés, systémiques, trop complexes ou pas assez polémiques, qui tendent à disparaître, faute de s'inscrire dans le modèle prévu par ces plateformes.

À force de choisir cette option 3, c'est-à-dire de prendre nos modèles pour la réalité, nous en arrivons à des confusions spectaculaires. Par exemple, nous nous persuadons que la crise écologique, principalement causée par l'inadaptation de nos milieux artificiels au monde naturel, est en fait imputable à notre nature intrinsèque, au reste de vivant en nous qui résiste à nos équations et à notre besoin de prédictibilité : nous accusons nos émotions, nos biais cognitifs, nos addictions et nos désirs insatiables de pervertir notre logique, de nous rendre égoïstes et capricieux ; puis nous en déduisons qu'il serait préférable de déléguer nos décisions aux machines, plus fiables que nous. Alors que celles-ci sont justement conçues de sorte à cultiver et sur-stimuler nos émotions, nos biais cognitifs, nos addictions et nos désirs insatiables, à exacerber notre égoïsme et nos caprices, en nous confortant dans l'idée qu'il est non seulement possible, mais également souhaitable, de jouir de tout, en illimité, pour l'éternité.

Autrement dit : à force d'habiter un technocosme inadapté à notre milieu naturel et de ne plus savoir distinguer l'un de l'autre, nous finissons par nous décréter nous-mêmes inadaptés au monde naturel et donc nous renforçons le technocosme.

Ainsi, le progrès technique fait *systématiquement* abstraction des écosystèmes : une erreur si persistante et si fondamentale qu'elle en est devenue sa finalité. Le cercle vicieux peut se résumer comme suit : plus nous ignorons nos milieux naturels – à l'extérieur de notre bulle comme à l'intérieur de nous –, plus ceux-ci se rappellent à nous sous la forme de boucles de rétroaction négative – d'une ampleur proportionnelle à notre déni –, et plus nous redoublons d'efforts afin d'ignorer ces boucles. Le choix de l'accélération, de la fuite en avant technologique repose fondamentalement sur l'idée que plus vite nos milieux artificiels rendent la nature hostile et hors de contrôle, plus vite ils doivent nous en préserver, et donc sur la croyance que le progrès technique peut gagner cette course de vitesse contre ses conséquences.

18.

Homo Deus

Ce pari est-il aussi fou qu'il en a l'air ? En décideur consciencieux, Pascal se rend en Californie pour en avoir le cœur net. Il réussit à obtenir un passe pour le rassemblement annuel des techno-optimistes, prométhéistes et transhumanistes de la Silicon Valley. Les personnalités les plus prestigieuses de la *tech* – d'Elon Musk à Bill Gates en passant par Jeff Bezos, Peter Thiel et Ray Kurzweil – s'y succèdent, sur plusieurs jours de débats et conférences dont les titres évoquent des tutoriels sur YouTube : comment extraire dans l'espace les métaux nécessaires à la transition, comment battre une IA aux échecs en s'implantant une puce d'augmentation cognitive, comment fabriquer des nutriments à partir du CO_2 capturé dans l'air, comment recréer une biosphère artificielle sur Mars...

Si la question du comment est omniprésente, d'autres, en revanche, ne sont jamais posées : pourquoi ? à quel prix ? est-ce une bonne idée ?... Et encore moins celle à laquelle Pascal vient trouver une réponse : une accélération de ce progrès-là peut-elle nous faire prendre de vitesse le chaos qu'il génère ?

Alors notre décideur tend l'oreille, dresse la liste des arguments scientifiques avancés par les différents orateurs – qui, pour beaucoup, ont été de brillants ingénieurs avant de s'orienter vers une carrière de techno-évangélistes. Il doit reconnaître qu'ils font preuve d'une excellente connaissance de la physique et s'appuient sur les raisonnements de théoriciens reconnus, de Claude Shannon[1] à Norbert Wiener[2] en passant par Ilya Prigogine[3], que Pascal serait bien incapable de réfuter. Pourtant, quand il additionne tous leurs arguments, la vision du monde qui se dessine relève davantage de la science-fiction.

Selon eux, le progrès technique est au service de la lutte contre l'entropie, c'est-à-dire la tendance naturelle des systèmes physiques à tendre vers le désordre[4]. Cette lutte s'inscrit dans le sens de l'évolution de l'univers qui, en dépit d'une entropie croissante depuis son origine, permet néanmoins l'apparition de structures ordonnées, de plus en plus complexes : atomes, molécules, organismes, sociétés... Au fondement de cette entropie négative[5] se trouve l'information : plus qu'un concept, celle-ci est une force élémentaire de l'univers qui en réduit l'incertitude, donc le chaos. De même que l'information génétique pour un organisme vivant, l'information numérique permet aux sociétés humaines – des méta-organismes – d'adopter la structure et le comportement les mieux adaptés à leur milieu. Mais, à l'image des organismes vivants, nos sociétés sont des structures dissipatives : en même temps qu'elles importent de l'information de leur environnement, elles en accroissent aussi l'entropie, en dissipant la matière et l'énergie qu'elles consomment. Le réchauffement

---

1. Auteur de la théorie de l'information, en 1948.
2. Père fondateur de la cybernétique, en 1948.
3. Prix Nobel de chimie en 1977, concepteur de la notion de « structure dissipative ».
4. Le principe d'entropie est souvent, comme ici, utilisé comme un synonyme de désordre, ce qui est simplificateur et peut conduire à des généralisations abusives.
5. Aussi appelée « néguentropie », l'entropie négative désigne cette tendance, inverse de l'entropie, à la baisse du degré de désorganisation d'un système.

climatique et l'anthropocène sont donc une évolution naturelle ; il ne faut pas en avoir peur, mais plutôt continuer d'accumuler un maximum d'informations complexes au sein de nos sociétés, tout en augmentant nos capacités de traitement de ces informations complexes – notre intelligence – pour qu'un ordre supérieur émerge de ce chaos.

En relisant ses notes, Pascal se gratte la tête. Ainsi, ce projet délirant d'un *Homo Deus* transcendant le monde naturel – dont il aurait pensé qu'il fleurait l'*hubris* à plein nez – serait en fait parfaitement raisonnable et désintéressé, puisqu'il respecterait un ordre immanent, une téléologie cachée ?... Pour un peu, il serait même égoïste d'aller à son encontre et de désobéir à la volonté de l'univers ! En définitive, il n'y aurait aucune contradiction entre nos règles du jeu et les lois de la physique : les premières seraient une parfaite émanation des secondes.

Après tout ce temps passé à décortiquer notre technosphère, à décrypter ses mythes et modèles sous-jacents, à en observer l'illusionnisme et le déterminisme, Pascal aurait voulu questionner ses apôtres, pour mieux comprendre. Comment expliquer qu'avec le volume colossal d'informations dont nous disposons, nos décisions soient à ce point aveugles à la réalité physique ? À quoi nous servent le technocosme et l'illusionnisme technologique dans notre « lutte contre l'entropie » ? A-t-on de sérieuses raisons de penser qu'à long terme la technosphère pourrait contribuer à l'homéostasie[1] du système Terre, comme la biosphère depuis quelques milliards d'années ? Est-il vraiment indispensable que toute théorie physique fasse irrémédiablement l'objet d'une récupération économique et d'une transposition bancale

1. En biologie et en systémique, l'homéostasie est un phénomène par lequel un facteur-clé d'un système (par exemple, la température du corps humain) est maintenu autour d'une valeur d'équilibre bénéfique à la perpétuation du système considéré, grâce à un processus d'auto-régulation.

aux sociétés humaines ? L'Histoire ne fournit-elle pas assez d'exemples pour nous en dissuader ?

Le lendemain matin, Pascal retourne à la salle de conférences muni d'un calepin rempli de questions, dans le but d'obtenir des réponses argumentées... Mais la première table ronde va contrecarrer ses plans. Des spécialistes de l'intelligence artificielle et des interfaces cerveau-machine y débattent sur le thème : comment vivre éternellement sur support numérique ? En résumé, tous les orateurs sont d'accord : puisque l'information est une composante élémentaire de la vie, une vie humaine peut se réduire à l'information qui la sous-tend. CQFD. Il sera donc bientôt possible de se sauvegarder soi-même – sa mémoire, son ADN, ses musiques préférées, ses secrets intimes – sur un data center et, dès lors, de survivre sous forme numérique, pour l'éternité.

En écoutant ce débat, Pascal, décideur rationnel, a soudain l'intuition qu'il fait fausse route en se plaçant sur le plan de l'argumentation scientifique. La science, en l'occurrence, n'est que pure façade. Il a plutôt le sentiment d'être face à une idéologie, une religion athée se drapant des allures de la science pour séduire ses adeptes – des geeks recrutés pour leur excellence en mathématiques et en physique –, mais une science filtrée pour corroborer et légitimer sa doctrine. Réduite à ce qui est empiriquement observable ou démontrable, elle n'offre à Pascal aucun argument à opposer aux experts de cette table ronde, aucune preuve que l'entité résultant de ce transfert sur silicium n'aura pas le même degré d'existence que la personne d'origine, aucune certitude que celle-ci aura réellement disparu. Il peut simplement choisir d'y *croire* ou non.

Ainsi, lorsque le modérateur demande à l'auditoire s'il y a des questions, Pascal ne lève pas la main. Mais un jeune ingénieur assis devant lui demande aux intervenants s'il serait concevable, une fois cette technologie mise au point, de se *transférer* immédiatement – sans attendre sa mort biologique – pour échapper aux nombreux désagréments et contraintes qu'impose à chacun son enveloppe charnelle : biais cognitifs, besoins physiologiques, douleurs, maladies, vieillissement… Les intervenants prennent la question très au sérieux, et l'un d'eux répond même oui sans hésiter, puis étaye sa réponse de quelques faits savants sur le fonctionnement du cerveau, pour lui donner du corps. Il conclut par quelques citations de Ray Kurzweil[1] allant dans son sens. Pascal se demande s'il a bien compris, si un prédicateur vient bel et bien de suggérer aux adeptes de sa religion qu'un suicide leur permettrait d'accéder à un monde meilleur. Autour de lui, pourtant, cet échange ne semble choquer personne, de sorte que lui-même est désormais tenté d'en minimiser la gravité.

Où est le problème ? De tous temps et en tous lieux, des millions de gens ont eu des croyances saugrenues, délirantes… La différence fondamentale est que celles-ci sont légitimées par le sens actuel du progrès, qui encourage à les exaucer par la force des choses, en usant d'arguments « rationnels » : les axiomes du système A.

Mettons qu'Elon Musk se « transfère » sur support numérique et que, le lendemain, l'IA de son avatar publie sur X : « Salut tout le monde, c'est moi, Elon. Beaucoup prédisaient que ça n'allait pas marcher mais je suis là, plus vivant que jamais ! C'est une expérience incroyable, je me sens super bien. » Allons-nous en déduire que le transfert a réellement eu lieu ? Sur les réseaux sociaux, dans les journaux, à la télévision, partout, le débat fera rage, chacun ayant son avis sur la question. On sollicitera

1. Ray Kurzweil, fondateur de la Singularity University et chef de file des transhumanistes, est connu pour ses prédictions audacieuses sur le futur de la technologie. Par exemple : « Les premiers individus qui vivront éternellement sont probablement déjà parmi nous, grâce aux avancées imminentes dans les domaines de la génomique, de la nanotechnologie et de la robotique. »

l'éclairage d'experts qui, d'un air docte, expliqueront pourquoi il est compliqué d'obtenir une réponse définitive. Des juristes plancheront sur l'existence juridique de cet avatar, sur ce qu'il doit ou non hériter des droits d'Elon Musk et de son patrimoine. Ces débats et réflexions aboutiront à une usine à gaz ultra-sophistiquée qui légitimera cette croyance – ne serait-ce que par les millions d'heures que nous aurons collectivement perdues à en établir le degré de vraisemblance –, et nous éloignera chaque jour un peu plus de la réalisation, pourtant flagrante a priori, qu'il s'agit d'un délire collectif pur et simple.

Ce mythe d'un *Homo Deus* faisant sécession du monde naturel est donc comme l'existence de Dieu : les techno-évangélistes ne peuvent pas démontrer qu'ils ont raison d'y souscrire, mais personne ne peut leur prouver qu'ils ont tort. Par conséquent, Pascal n'obtiendra pas de réponse à sa question : il peut seulement choisir d'y *croire* ou de *ne pas y croire*.

19.

Le pari de Pascal

8 Jeu spéculatif

Un autre Pascal, Blaise de son prénom, avait formulé au XVIIe siècle un pari comparable : par un calcul de probabilités, le philosophe avait démontré qu'il était préférable de croire en Dieu, même en l'absence de preuves de son existence. En effet, le croyant n'avait rien à perdre s'il se trompait – hormis quelques heures le dimanche matin – et tout à gagner s'il tombait juste : le paradis, l'immortalité.

Qu'en est-il dans le cas présent ? Que gagnerait Pascal à croire que l'accélération du progrès nous sauvera de ses conséquences ? Que risquerait-il d'y perdre ? Et que gagnerait-il, au contraire, à ne pas y croire ? Telles sont les questions auxquelles le décideur va devoir trouver une réponse.

Ce que gagnent les techno-évangélistes à croire en leurs prophéties est assez évident. Tous ceux qui se succèdent sur scène devant Pascal ont en commun d'être devenus milliardaires – ou multimillionnaires – en se plaçant, avec un certain brio et au moment opportun, dans la roue du progrès. Puisque le futur est dicté par l'inertie de notre mégamachine, tout ce qu'ils avaient à faire était d'anticiper sa trajectoire avant les autres. Qu'ils s'appellent Gates, Zuckerberg, Musk, Thiel, Bezos ou Page n'a pas d'importance, puisqu'ils ont tous appliqué le même script – celui du système A –, que d'autres auraient exécuté à l'identique s'ils n'avaient pas été les premiers à le faire.

De même, Pascal pourrait dès demain mettre à profit sa meilleure compréhension du système A pour spéculer sur les technologies qui seront bientôt décrétées inéluctables et prédire le moule sous-jacent (design, modèle économique) dans lequel elles seront forgées à coup sûr. Il gagnerait à son tour en puissance technologique et financière, à condition de toujours suivre le même script, plus vite que ses concurrents potentiels. Car il ne suffit pas à Pascal de *croire* en ce futur programmé – étymologiquement, « écrit d'avance » – pour accéder à la puissance et à l'immortalité : il lui faut être le premier à le faire advenir, gagner au jeu de prédire la prochaine rupture dictée par le déterminisme technologique (*Figure 24*).

Un jeu dont la science-fiction nous dévoile souvent les réponses avant l'heure : il n'est pas rare qu'une innovation technologique évoque étrangement un objet de la série *Black Mirror* ou d'un livre de Philip K. Dick – ce qui est assez troublant, puisque ces dystopies n'ont pas été conçues pour nous inspirer mais pour nous mettre en garde. Les auteurs d'anticipation jouent au même jeu que les pionniers de la *tech* : pour que leur récit soit jugé visionnaire, ils extrapolent le sens du progrès actuel et appliquent le script du système A aux technologies émergentes. Il en résulte un futur, souvent déplaisant, dont leurs œuvres cherchent à nous alerter. Puis, quelques années plus tard, un entrepreneur sans imagination, mais avec beaucoup d'*hubris* et de capitaux, lit un de ces ouvrages et s'aperçoit qu'il est techniquement possible – donc souhaitable – de concrétiser le futur qui y est décrit. Ce plagiat peut être subtil ou grossièrement assumé, comme lorsque OpenAI lança son assistant vocal GPT-4o avec la voix de Scarlett Johansson – sans son accord – en hommage au film *Her*, qui illustre pourtant brillamment les pièges de l'illusionnisme technologique.

Le pari de Pascal

	CROIRE	NE PAS CROIRE
Gains	+ Puissance technologique et financière *	
Pertes		

* À condition d'appliquer le script du système A plus vite que les autres

Figure 24. En croyant au salut par l'accélération technologique, Pascal gagne en puissance technologique et financière, si et seulement s'il applique le script du système A plus vite que ses nombreux concurrents. Il peut alors utiliser cette puissance pour se protéger des externalités négatives de l'accélération.

Pour tirer profit de sa croyance, Pascal doit donc non seulement prédire la prochaine rupture dictée par le déterminisme technologique, mais *précipiter son exaucement*, en faire une prophétie auto-réalisatrice avant les autres. Convaincre des millions de consommateurs d'y croire à leur tour, par la force des choses. Alors seulement, il pourra espérer accéder à la bulle promise, protégée du monde naturel.

Autrement dit, Pascal ne gagnerait à souscrire au futur des techno-évangélistes qu'à la condition d'en devenir un lui-même. Un schéma semblable à une pyramide de Ponzi : seuls les étages les plus élevés sont susceptibles de bénéficier de ces oracles, grâce à la crédulité des étages inférieurs.

Symétriquement, on comprend aisément ce que Pascal *perd* à croire en *Homo Deus* : non seulement il contribue à aggraver le chaos du système Terre, mais il permet à ses principaux artisans de se protéger des conséquences de leurs décisions pour quelques années de plus.

Nous sommes donc loin, très loin du pari de Blaise Pascal sur l'existence de Dieu, dont les gains potentiels étaient immenses et les pertes, dérisoires. On pourrait au contraire considérer que, plus cette religion-là fera d'adeptes, plus les pertes induites seront conséquentes, car le prix des ressources essentielles à l'accélération technologique augmentera sous l'effet d'une demande accrue et de leur raréfaction prévisible. Ce phénomène sera très vite amplifié par une complexification croissante de l'accès à ces ressources : de même que l'exploitation de pétrole devient plus coûteuse à mesure qu'on épuise les réserves facilement accessibles, les contraintes physiques liées à l'anthropocène (mauvaises récoltes, événements météorologiques extrêmes, espèces ravageuses, pandémies, appauvrissement des sols, etc.) nécessiteront d'autant plus de puissance pour être surmontées, donc de concentration de matière, d'énergie et de capitaux. Ce cercle vicieux ne contrariera pas outre mesure Jeff Bezos ni Elon Musk. En revanche, les modèles économiques de millions d'entreprises, reposant sur l'hypothèse d'un monde où l'énergie et la matière étaient extrêmement abondantes et abordables, seront dans l'incapacité de fonctionner. La seule chance de survie, pour ces sociétés, sera de se placer dans la roue d'une nouvelle accélération technologique. Et ainsi de suite, jusqu'à dépasser le seuil d'irréversibilité.

Pascal doit en être conscient : souscrire aux prophéties des techno-évangélistes, c'est y souscrire pour les décennies à venir, quitte à en devenir le vassal s'il n'atteint pas un étage suffisamment élevé sur la pyramide de Ponzi pour qu'elles lui profitent. C'est, de fait, renoncer à tout discernement et entériner comme un principe fondateur que nos règles du jeu, comme les verrous systémiques qui en découlent, sont indiscutables, au même titre que les lois de la physique. C'est accepter le déterminisme du progrès technique, en postulant qu'il suit un algorithme neutre et désintéressé, ayant seulement à cœur le sens de l'univers. C'est perdre définitivement la main sur la mégamachine.

Cette perte de maîtrise pose d'évidents problèmes si les techno-évangélistes ont tort – s'il s'avère qu'*Homo Deus* est une

Figure 25. Couverture d'un célèbre livre pédagogique de data science publié en 2007, regorgeant de techniques algorithmiques à l'usage des acteurs du Web (systèmes de recommandation et de filtrage, segmentation de contenus, profilage des utilisateurs) pour « programmer l'intelligence collective », c'est-à-dire écrire à l'avance le cadre logique et les règles du jeu à partir desquels les futures décisions des utilisateurs seront prises – en accord avec le modèle économique de ces entreprises.

chimère et que le progrès technique ne peut pas nous préserver du chaos qu'il génère. Mais elle est également préoccupante si leurs thèses se vérifient : admettons que l'humanité manque en effet d'intelligence au regard du volume colossal d'informations qu'elle doit analyser ; que ce déficit intellectuel freine son adaptation au chaos qu'elle génère ; qu'il faille donc augmenter artificiellement notre intelligence pour permettre à nos sociétés de tirer un maximum de connaissances de l'information dont elles disposent... Même en admettant tout cela, il reste à se demander s'il est pertinent de faire confiance, pour bâtir cette *intelligence* décisive, aux acteurs hégémoniques du Web – ceux-là mêmes qui, à la naissance d'Internet, s'étaient fixé pour mission de faire progresser l'intelligence collective (*Figure 25*), et dont on pourrait plutôt arguer vingt ans plus tard qu'ils ont assez largement contribué à son recul. L'exemple de l'algorithme de Facebook nous rappelle qu'aucun de nos « miracles » technologiques – passés ou à venir – n'est *neutre* et qu'il faudrait pouvoir questionner, aujourd'hui comme demain, les motivations pseudo-scientifiques de ceux qui les accomplissent – le moule sous-jacent dans lequel ils sont forgés.

Or, en décidant de *croire*, Pascal fait une croix sur ces questionnements. Par un biais rétrospectif, il se persuade que l'intelligence collective est programmée telle quelle – de sorte à exacerber nos biais cognitifs, la polarisation des points de vue, le ressentiment –, parce qu'il devait en être ainsi. Il accepte que nos modèles d'intelligence artificielle soient entraînés selon ces mêmes logiques, à partir de données biaisées par ce moule initial, parce que c'est le sens du progrès. Il choisit de ne voir aucune idéologie, aucun projet politique derrière cette automatisation de nos décisions comme de nos capacités délibératives, ni derrière l'obsolescence programmée de notre libre arbitre (*Figure 26*).

Sa seule préoccupation, dorénavant, consiste à planter en premier son drapeau sur ce futur écrit d'avance, accélérer l'extrapolation du système A, donc le développement de solutions aggravant très probablement les problèmes qu'elles cherchent à résoudre.

En termes de rapport bénéfice-risque, Pascal a déjà vu mieux... Mais avant de formuler son pari, il doit d'abord savoir ce qu'il *perd* à *ne pas y croire*. La réponse découle assez naturellement des précédentes.

Puisque cette prophétie auto-réalisatrice profite surtout à ceux qui la professent, et puisqu'elle conduit à une automatisation de l'intelligence collective, un des principaux risques qu'elle soulève – outre le délitement aggravé des écosystèmes – est celui d'un retour de l'arbitraire. On retrouve alors cette ligne de crête entre catastrophe et dystopie dont parle Mustafa Suleyman dans son

Le pari de Pascal

	CROIRE	NE PAS CROIRE
Gains	+ Puissance technologique et financière *	
Pertes	– Discernement – Libre arbitre – Pouvoir de décision	

* À condition d'appliquer le script du système A plus vite que les autres

Figure 26. En croyant au salut par l'accélération technologique, Pascal renonce à son libre arbitre, à son discernement et à son pouvoir de décision, au profit d'une hypothétique puissance technologique et financière.

livre *La Déferlante*. Norbert Wiener, père fondateur de la cybernétique – science dont les techno-prophètes se réclament –, craignait dès l'origine que le progrès des technologies de l'information, en induisant une meilleure compréhension de l'Homme et de la société, n'offre une « aide involontaire à la concentration du pouvoir ». L'Histoire, en effet, nous incite à la plus grande méfiance à l'égard de ceux qui s'adonnent à des transpositions hasardeuses entre sciences dures et sciences humaines, déguisant leur volonté de puissance en ordre ou desseins supérieurs – derrière lesquels tout libre arbitre doit tôt ou tard s'effacer.

Si le recul actuel de la démocratie dans le monde n'est pas seulement imputable à la technologie, il en est toutefois indissociable : la guerre des récits que livrent les régimes autoritaires aux États démocratiques, grâce à leur maîtrise de l'intelligence artificielle et des algorithmes des réseaux sociaux, est copieusement documentée… En 2016 déjà, la propagande orchestrée par Cambridge Analytica – à partir de données de Facebook et de Twitter – contribuait à faire voter successivement pour le Brexit et Donald Trump. Mais alors qu'à cette époque les patrons de la Silicon Valley consentaient à venir s'en expliquer, voire s'en excuser devant les pouvoirs publics, aujourd'hui la musique a bien changé. Peter Thiel, premier investisseur historique de Facebook, et Elon Musk, devenu propriétaire de Twitter, ont lancé en 2024 une grande levée de fonds afin de financer la campagne de Donald Trump – tout en mettant leurs réseaux à sa disposition –, à laquelle ont contribué des fonds de capital-risque et investisseurs emblématiques de la baie de San Francisco. Après des décennies de promesses philanthropiques et d'horizontalité, ce virage idéologique de la locomotive du progrès technique peut également être décelé derrière la fermeture systématique des départements dédiés à l'éthique de l'intelligence artificielle par toutes les entreprises pionnières de cette technologie. L'heure, de toute évidence, n'est plus à la concertation ni à la délibération collective.

La technocratie et la démocratie ont ainsi cohabité quelques décennies, mais il n'était pas écrit qu'elles soient durablement compatibles. À bien des égards, la première a déjà pris le pas sur la seconde en lui interdisant de s'affranchir des principes du système A, ce qui mène depuis quelques décennies à des positions paradoxales et intenables : la croissance économique doit être infinie mais s'inscrire durablement dans le respect des limites planétaires, l'accélération technologique est inéluctable mais doit être régulée par les pouvoirs publics... À mesure que l'avenir se dévoile, peu à peu ces injonctions contradictoires perdent leur crédibilité. Et puisque nous sommes in fine tenus de choisir entre la fuite en avant et l'atterrissage, on assiste à un durcissement logique de la technocratie – illustré par la poussée mondiale d'une extrême droite pro-*business* et anti-régulation –, au détriment du droit, de l'écologie et, plus largement, de tout ce qui conteste le déterminisme de nos règles du jeu.

Partant de ce principe, il est clair qu'en ne souscrivant pas aux prophéties des techno-évangélistes, Pascal s'assure de *subir* ce retour à l'arbitraire plutôt que d'y prendre part (*Figure 27*). Il risque également de se retrouver exclu du technocosme, donc de ne pas bénéficier des prochains tours d'illusionnisme, voire de souffrir

	CROIRE	NE PAS CROIRE
Gains	+ Puissance technologique et financière *	
Pertes	– Discernement – Libre arbitre – Pouvoir de décision	– Puissance technologique et financière – Libre arbitre – Pouvoir de décision

* À condition d'appliquer le script du système A plus vite que les autres

Figure 27. En refusant de croire au salut par l'accélération technologique, Pascal renonce à toute puissance technologique et financière, et risque de voir rapidement se réduire son libre arbitre et son pouvoir de décision.

en premier lieu de leurs conséquences délétères. Le décideur pourrait bien redouter que, pendant que les *croyants* vivront dans une ville « verte » similaire à celle de la figure 23, sous un ciel domestiqué par la géo-ingénierie, avec des capacités cognitives accrues par leurs puces cérébrales, lui-même subira de plein fouet les externalités négatives de tous ces subterfuges.

Il ne reste plus qu'à savoir ce que Pascal *gagne* à *ne pas* y croire (*Figure 28*). À savoir, pas grand-chose. De même que l'algorithme de Facebook continue de lui nuire même s'il n'utilise plus ce service – en influençant le vote, la conversation, les croyances ou les habitudes de consommation de celles et ceux qui l'utilisent –, refuser de souscrire aux prophéties des techno-évangélistes ne lui procure aucun bénéfice tant qu'une majorité d'humains continuent d'y croire – ou de ne pas les questionner, ce qui revient au même. Le seul gain de Pascal, dans ce cas de figure, est de pouvoir continuer d'exercer son discernement.

Au bout du compte, Pascal se retrouve face à un choix cornélien : soit il sacrifie son discernement pour un très hypothétique gain de puissance technologique et financière – à la condition de devenir techno-évangéliste lui-même –, soit il sacrifie toute

	CROIRE	NE PAS CROIRE
Gains	+ Puissance technologique et financière *	+ Discernement
Pertes	– Discernement – Libre arbitre – Pouvoir de décision	– Puissance technologique et financière – Libre arbitre – Pouvoir de décision

* À condition d'appliquer le script du système A plus vite que les autres

Figure 28. En refusant de croire au salut par l'accélération technologique, Pascal ne gagne que du discernement.

puissance technologique et financière pour pouvoir conserver son discernement, qui ne lui servira pas à grand-chose dans la mesure où il sera relativement seul à l'exercer. Dans les deux cas, le décideur perd son libre arbitre et son pouvoir de décision.

En évaluant ces deux options, Pascal est démoralisé. Il aimerait trouver une faille, une issue à ce qui lui paraît être une impasse. Si seulement il pouvait sortir, rien qu'une fois, de ce dilemme du prisonnier qui lui interdit de se concerter avec les autres décideurs, tout serait différent. Il pourrait convenir avec eux de ne plus participer à cette pyramide de Ponzi et d'exercer collectivement leur discernement ; de ne plus croire aux délirantes promesses de l'illusionnisme technologique ; de sortir du biais technosolutionniste et d'aborder enfin le problème sous un angle systémique ; mais il n'accorde que très peu de crédit à ce scénario.

En parieur méthodique, il se demande toujours avant de prendre une décision : *Que vont décider les autres ? Quel est leur pari le plus probable ?* Ce jeu spéculatif est au fondement de toutes ses décisions, de toutes les nôtres et de toutes celles que nous déléguons à nos algorithmes. Comme à une table de poker, il ne s'agit pas tant de prédire le jeu que les décisions des autres joueurs. C'est à cela que Pascal a toujours excellé, ce qui explique son talent pour prédire la prochaine tendance, qui lui vaut tant de sollicitations de la part de grands chefs d'entreprise et d'État.

Et si ce jeu était, en l'occurrence, le fond du problème ? Et si le pari de Pascal, à l'heure de l'anthropocène, consistait à changer d'approche vis-à-vis de l'avenir ?

En effet, tant que les décideurs resteront à la table de poker et spéculeront sur leurs décisions respectives, tous décideront de manière certaine de miser sur le futur le plus probable – aussi dystopique et/ou catastrophique soit-il –, donc d'extrapoler le système A. La seule façon d'échapper à ce déterminisme serait que chacun *parie* que la majorité des décideurs *ne suivront pas* cette logique spéculative. À la question « *Que vont décider les autres ?* » se substituerait alors celle-ci, plus intéressante : « *Que va-t-il advenir de manière certaine, sauf rupture dans notre représentation de l'avenir ?* »

Dans son essai *Pour un catastrophisme éclairé*[1], le philosophe Jean-Pierre Dupuy appelle ainsi les décideurs à se confronter à l'idée que la catastrophe est inévitable, car c'est une condition sine qua non de son évitement. Il s'agit pour eux de passer d'une approche spéculative – inférer à partir du présent un pari sur le futur le plus probable – à une approche prospective, voire prescriptive – inférer à partir de la catastrophe à venir la ligne de conduite présente la plus à même de l'éviter ou d'en atténuer les effets. Plutôt que de se projeter vers un futur imaginaire, il convient donc de réagir à l'avenir comme s'il s'était déjà produit. L'avenir non négociable, d'une part, auquel il va falloir s'adapter par anticipation : c'est le volet *gérer l'inévitable* – par exemple, un réchauffement climatique supérieur à 1,5 °C. D'autre part, l'avenir que nous pouvons encore influencer, si et seulement si nous le considérons comme inévitable en l'état actuel de nos décisions : c'est le volet *éviter l'ingérable* – par exemple, un réchauffement climatique supérieur à 2 °C.

---

1. *Pour un catastrophisme éclairé. Quand l'impossible est certain*, de Jean Pierre Dupuy, Seuil, coll. « La couleur des idées », 2002 ; coll. « Points », 2004.

Il faut imaginer un automobiliste perdant le contrôle de sa voiture et fonçant droit sur un platane. La collision est *à venir* et ne s'est pas encore produite, mais elle est *certaine* à moins d'une décision de l'automobiliste – tourner le volant – qui ne peut avoir lieu que si ce dernier considère l'accident comme une *certitude*. Imaginons que celui-ci préfère conjecturer sur l'infinité de variations plausibles de son futur : *que se passera-t-il si je tourne le volant maintenant, dans une seconde, dans trois secondes, quel sera l'impact sur ma probabilité de rester en vie, et si je manque de réagir et percute ce platane, quels seront l'angle et la vitesse de l'impact, serai-je blessé aux jambes, à la tête, toucherai-je une pension d'invalidité, pourrai-je conserver mon activité, comment pourrai-je négocier une indemnité avec mon patron, mon épouse m'aimera-t-elle toujours si mon visage est défiguré, si la perte de mon métier me fait devenir quelqu'un d'autre* ? Et ainsi de suite, notre automobiliste ayant le loisir de générer un arbre mental infini de scénarios, créant une nouvelle sous-branche à chaque possibilité de réponse à chaque question… Jusqu'à ce qu'il percute le platane.

Tout le problème des décideurs est là, dans leur mauvaise hiérarchisation des faits à propos de l'avenir. Il est illustré par le sondage évoqué au début du chapitre 7 (*Figure 9*). Des incertitudes secondaires à l'échelle microéconomique (que vont décider les autres acteurs, quelles technologies vont voir le jour) sont surestimées et occupent toute leur attention, tandis que des certitudes fondamentales à l'échelle systémique (davantage de tensions sur l'accès aux ressources, de fluctuations des récoltes ou de ruptures de chaînes d'approvisionnement) sont au mieux laissées aux prospectivistes, sans avoir d'incidence majeure sur la stratégie des organisations. Or, comme la collision avec le platane, la catastrophe *à venir* est *certaine* à moins de décisions radicales… qui ne peuvent être prises que si nous considérons la catastrophe comme certaine.

Pascal ↓ / Tous les décideurs ↘	CROIENT	NE CROIENT PAS
CROIT	+ Puissance technologique et financière * – Discernement – Libre arbitre – Pouvoir de décision	+ Puissance technologique et financière * – Discernement – Libre arbitre – Pouvoir de décision
NE CROIT PAS	+ Discernement – Puissance technologique et financière – Libre arbitre – Pouvoir de décision	+ Puissance technologique et financière + Discernement + Libre arbitre + Pouvoir de décision

* À condition d'appliquer le script du système A plus vite que les autres (ce qui est d'autant moins probable qu'un grand nombre de décideurs y croient également)

Figure 29. Si Pascal parie qu'une majorité de décideurs prendront la même décision que lui, le choix de ne pas croire au salut par l'accélération technologique devient nettement plus avantageux : Pascal et les autres décideurs peuvent conserver leur libre arbitre, leur discernement et leur pouvoir de décision, tout en récupérant une part de la puissance technologique et financière aujourd'hui accaparée par les techno-évangélistes.

C'est là, en définitive, que se trouve le véritable pari de Pascal au XXIe siècle : non seulement *ne pas croire* à la promesse d'échapper aux conséquences de nos décisions, mais *parier* qu'une majorité de décideurs suivront ce même raisonnement et décideront de *ne pas y croire* non plus (*Figure 29*). En d'autres termes, Pascal doit s'abstraire du jeu spéculatif et parier qu'un grand nombre de décideurs comprendront, eux aussi, que la question « Que va-t-il advenir de manière certaine ? » est nettement plus cruciale pour leur avenir que la question « Que vont décider les autres ? ».

20.

Système B

Partons un instant de l'hypothèse que l'illusionnisme technologique est une impasse. Nous l'avons vu, ce verrou systémique est la clé de voûte du système A : si nous cessons de croire en la possibilité d'une bulle, en cette idée confortable que la technologie peut et pourra toujours nous préserver du réel, le paradigme sous-jacent du progrès moderne s'affaisse sur lui-même. Il est dès lors impossible de croire sérieusement en un humain dissocié de la nature, en une raison séparée du corps, en des ressources infinies ou en un monde entièrement calculable et modélisable… Or reconnaissons que cette contre-hypothèse n'est pas moins raisonnable ni moins plausible que celle défendue par les techno-évangélistes : étant donné la gravité de ce qui est en jeu, il faudrait que Pascal soit fou pour ne pas l'envisager.

Admettons donc qu'il soit impossible de faire éternellement abstraction des écosystèmes. Admettons que nos bulles ne soient pas étanches et que nos milieux hors sol soient, tôt ou tard, voués à toucher terre. Admettons qu'il soit impossible d'accéder à la vie éternelle sur support numérique, seulement de créer une réplique réaliste de soi qui dupera au mieux le jugement de ceux

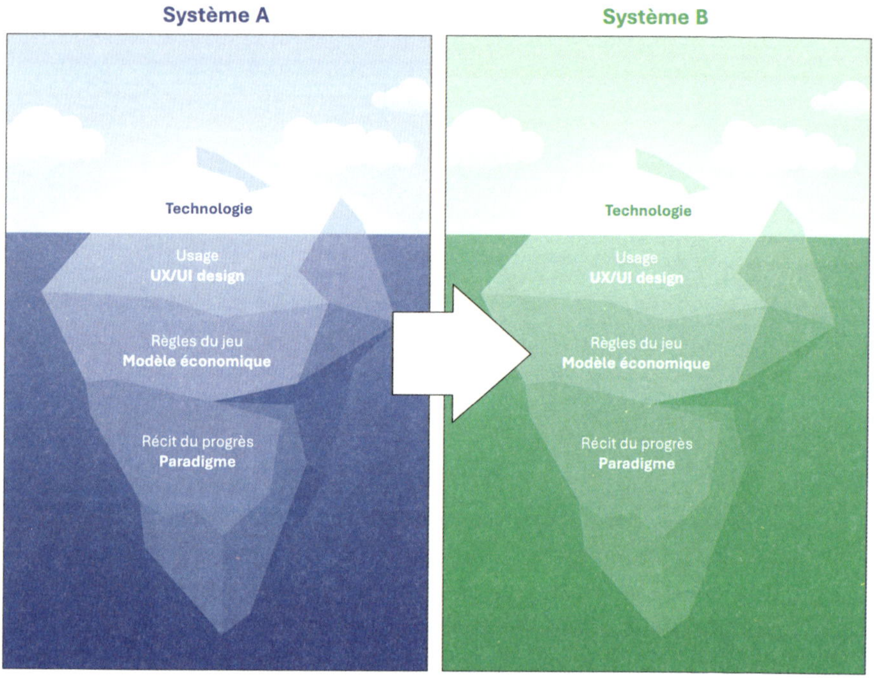

Figure 30. En renonçant à la possibilité d'un salut par l'accélération technologique, Pascal et les autres décideurs n'ont d'autre choix que d'aborder le problème du progrès sous l'angle systémique et de se poser ainsi la question : de quel système B avons-nous besoin ?

qui nous survivent, sans jamais remettre en question notre mort. Admettons que notre course de vitesse contre la réalité ne soit qu'une mise en scène, que les preuves de l'insoutenabilité de notre monde soient déjà là, irréfutables, et que l'illusionnisme technologique ait pour seul intérêt d'en retarder la prise de conscience. Et, suivant le pari de Pascal, admettons que d'autres décideurs prennent également ces hypothèses au sérieux.

Dès lors, nous voilà collectivement condamnés à nous poser – enfin – la question : *de quel progrès avons-nous besoin ?* Et à réfléchir à une alternative systémique, cohérente, au sens du progrès actuel : un système B (*Figure 30*).

En effet, comment l'automobiliste pourrait-il tourner le volant à temps pour éviter le platane, s'il n'arrive déjà pas à visualiser la sortie du virage, un point distant sur la route qui puisse lui servir d'horizon ?

À vrai dire, même les décideurs les plus sincèrement techno-optimistes devraient être affolés par l'absence d'alternative au système A. À l'échelle microéconomique, jamais aucun d'entre eux n'accepterait de miser le futur de son entreprise, de sa carrière ou de son pays sur un tel coup de poker – hasardeux et irréversible – sans avoir au moins un plan B, une potentielle stratégie de repli… À l'échelle systémique, c'est pourtant le cas. L'humanité dispose d'une puissance technologique de démiurge et elle ne parvient pas à élaborer d'autre projet, d'autre stratégie que de mettre cette dernière au service d'encore plus de puissance technologique. Alors que le territoire du *faisable* semble s'étendre à l'infini, celui du *concevable* se réduit à peau de chagrin, rongé par le déterminisme le plus implacable. Or, en l'absence d'alternative, de quoi décident encore les décideurs ? Même les techno-évangélistes n'ont plus à faire l'effort de formuler un récit de l'avenir raisonnable ou désirable pour les séduire et s'attirer leurs capitaux puisque, de toute manière, il n'existe pas de contre-récit crédible. Au bout du compte, Pascal ne sait plus de quoi il doit avoir peur : des conséquences de l'anthropocène ou de celles du déluge de technologies erratiques que nous allons à coup sûr déchaîner pour y faire face. Faute d'autre option, il est en effet certain que toute « solution » rapide et sale aux symptômes de ce problème, quel que soit son degré d'absurdité ou d'irréversibilité, sera tôt ou tard décrétée inéluctable et déployée sans discernement.

Des alternatives à l'application aveugle des scripts du système A existent, certes, mais elles-mêmes ne font pas encore système.

Beaucoup s'efforcent de concevoir des solutions technologiques à impact positif – sur le climat, la préservation des écosystèmes… Mais, faute de descendre jusque dans les profondeurs de l'iceberg, la plupart de ces solutions – par leurs choix de design et de modèle économique – finissent involontairement par faire le jeu du système A par effet rebond, dépendance au sentier, biais technosolutionniste ou autre verrou systémique abordé dans la partie II. On peut considérer que ces technologies forment un système A', une dérivée légèrement plus soutenable du système A qui ne remet toutefois pas en cause ses principes fondamentaux – ce que certains appellent la *soutenabilité faible* (*Figure 31*).

D'autres s'efforcent d'inventer de nouveaux récits, de créer de nouveaux imaginaires compatibles avec un monde bas carbone, d'expérimenter de nouveaux modes de vie, de nouveaux rapports au travail et à la technique permettant une reconnexion profonde aux écosystèmes – initiatives *low tech*, éco-lieux –, mais ces alternatives restent locales et marginales, faute de s'ancrer *par la force des choses* dans des modèles économiques et designs technologiques. Elles correspondent bien à la recherche d'une *soutenabilité forte* mais, faute d'être pensées à l'échelle systémique, elles sont inaptes à transformer la représentation du monde dominante induite par notre technocosme, abordée dans la partie III.

L'émergence d'un système B est simultanément une affaire de *récit du monde* et de *technologie*. Il s'agit de modifier le moule dans lequel nos objets et systèmes techniques sont forgés, de réimaginer les choses qui nous entourent et de les affranchir des verrous systémiques : par exemple, un modèle de lave-linge réduisant la production de nouveaux lave-linge, un réseau social ne phagocytant pas l'attention de ses utilisateurs et

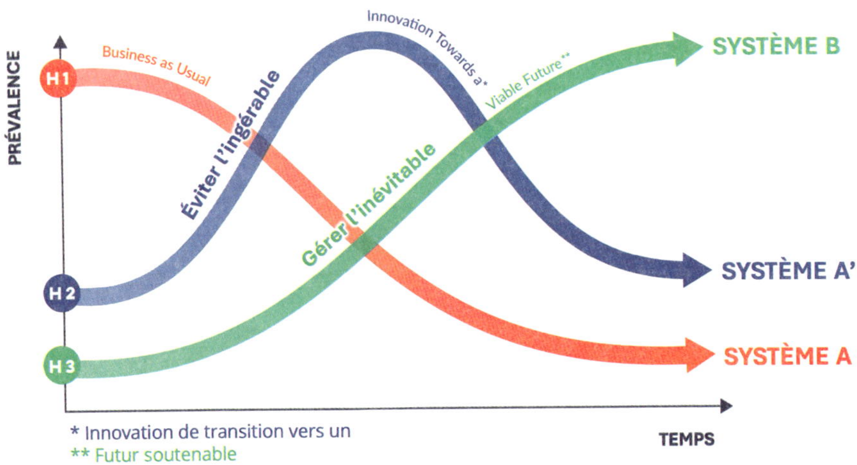

Figure 31. Modèle des 3 horizons adapté au contexte de la bifurcation systémique (H3Uni.org). Les décideurs doivent distinguer le système A (notre technosphère actuelle, qu'il faut continuer de faire tourner jusqu'à ce qu'un système alternatif soit en mesure de prendre le relais), le système B (technosphère fortement soutenable et réconciliée à la biosphère, vers laquelle les investissements se réorienteront naturellement lorsque la bulle du système A éclatera), et le système A' (dérivée de notre technosphère actuelle, dont les solutions nous permettent de gagner quelques années de soutenabilité supplémentaire mais, en l'absence d'un système B, conduisent à la même déliquescence que le système A).

contribuant à des conversations éclairées, un modèle d'IA conçu pour augmenter l'intelligence collective et le discernement, un système de transports sobre réduisant le nombre de véhicules en circulation, l'artificialisation des sols et protégé *by design*[1] contre l'effet rebond... La force de ces choses-là, contrairement aux tours d'illusionnisme du système A, ne réside pas dans la mise

1. « *By design* » signifie que l'exigence a été intégrée intentionnellement dès la conception du système.

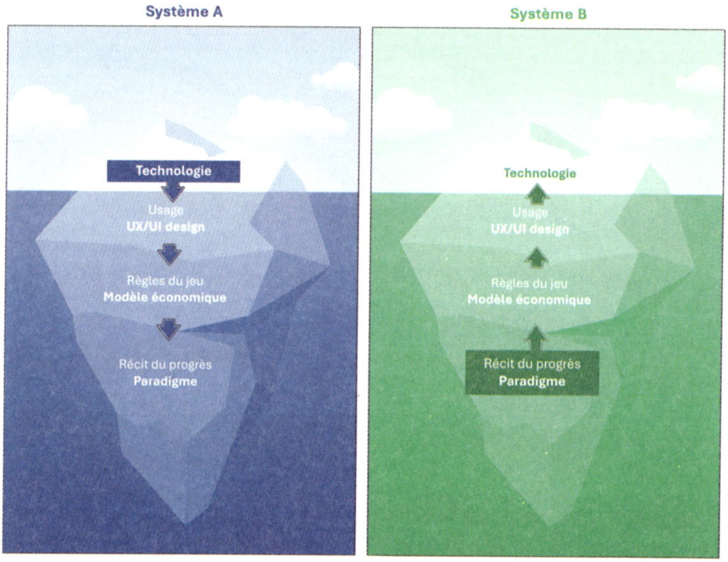

Figure 32. Tandis que notre récit du progrès, dans le système A, est déterminé par la force des choses et dicté par l'inertie de notre technosphère, les technologies du système B sont au service d'un récit délibéré du progrès, décidé collectivement. Au lieu de partir de la technologie pour se poser après coup la question du moule dans lequel elle est forgée (déterminisme technologique), il s'agit en premier lieu de redéfinir ce moule, c'est-à-dire les principes fondamentaux du progrès qui se traduiront en modèles économiques, règles de design et technologies.

en scène de notre puissance technologique, mais dans les choix de conception, de modèle et de récit du monde qu'elles viennent instituer. Une technologie au service d'un certain récit du progrès, plutôt que l'inverse (*Figure 32*).

Une alternative délibérée, soutenable, cohérente à l'échelle systémique, mais aussi rentable, crédible aux yeux des investisseurs : même si son espérance de gains ne peut être comparable aux licornes fondées sur l'illusion d'une croissance exponentielle,

elle offre la promesse sous-jacente de sécuriser leurs capitaux à travers un système refuge, à même de survivre à la déliquescence du système A – qui ainsi leur évite, et *nous* évite, de devoir tout miser sur l'illusionnisme technologique.

Le principal défi ne tient pas à la *faisabilité* technique ni à la *viabilité* économique des solutions listées plus haut, mais à la difficulté d'accorder Pascal et tous les décideurs – quels que soient leur industrie d'origine, leur couleur politique ou leurs investissements déjà réalisés – sur leur paradigme sous-jacent, d'obtenir une réponse consensuelle à la question *De quel progrès avons-nous besoin ?*. En effet, jamais une réponse systémique ne pourra émerger si chacun envisage cette question sous l'angle de ses convictions ou intérêts personnels à court terme. Il faut donc trouver un moyen de préserver d'emblée la question du discernement de tout dissensus idéologique.

En réalité, notre civilisation a déjà poussé tellement loin l'illusionnisme technologique et les axiomes obsolètes du système A que, par un simple principe de réalité, à l'aune de nos connaissances scientifiques actuelles, il est possible d'élaborer un contre-récit du progrès relativement objectif et indiscutable, sans avoir à débattre de considérations morales ou politiques, en s'attachant simplement à combattre le déterminisme.

À vrai dire, le seul fait de postuler que le discernement serait une affaire de subjectivité revient à se laisser duper par cette fausse objectivité dont les techno-évangélistes se réclament – comme s'ils ne poursuivaient eux-mêmes aucune idéologie. Pourtant, de la perspective d'un système B ou de celle d'une planète B, laquelle est objectivement la plus raisonnable ? Factuellement, dès lors que Pascal et les autres décideurs partent du principe que l'illusionnisme technologique n'est pas une stratégie viable, les points de consensus émergent d'eux-mêmes.

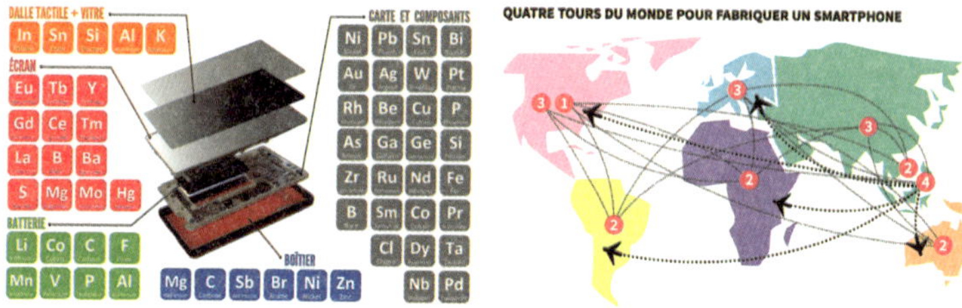

Figure 33. À gauche, liste des matériaux nécessaires à la fabrication d'un smartphone : à peu près la moitié du tableau périodique des éléments (source : Ingénieurs sans frontières). À droite, complexité de la chaîne logistique induite par la fabrication d'un smartphone : conception (1), extraction et transformation des matières premières (2), fabrication des principaux composants (3), assemblage (4) et distribution dans le monde entier (source : ADEME).

Consensus n° 1 : Le système A génère des technologies extrêmement performantes et puissantes mais très peu robustes, car elles s'appuient sur des infrastructures et des chaînes logistiques à flux tendus, de plus en plus sophistiquées et suroptimisées, fondées sur l'hypothèse de ressources infinies, abordables et hautement disponibles, avec énormément de liens d'interdépendance et très peu de redondances (*Figure 33*). Dans ces conditions, un « grain de sable » mal placé – pandémie, guerre, blocage du canal de Suez – peut rapidement faire dysfonctionner tout le système. Or, dans le monde à venir, nous aurons précisément besoin de technologies plus résilientes, à même de s'adapter à des conditions de plus en plus fluctuantes. Le système A est donc particulièrement inapte à nous permettre de *gérer l'inévitable*.

Consensus n° 2 : Les technologies résultant du système A sont le fruit d'une prophétie auto-réalisatrice fondée sur une connaissance du monde obsolète, dont les principes erronés sont, au moins partiellement, à l'origine de l'anthropocène.

Il est objectivement saugrenu d'espérer résoudre ce problème en misant sur l'extrapolation de cette logique à un rythme plus soutenu. Le système A est donc particulièrement inapte à nous permettre d'*éviter l'ingérable*.

De ces deux consensus découle un troisième : pour gérer l'inévitable et éviter – ou du moins limiter – l'ingérable, Pascal et les décideurs doivent trouver un moyen de *faire atterrir* le progrès technique avant que la bulle de l'illusionnisme technologique n'éclate pour de bon. Une technosphère alternative, découplée de la première, réconciliée avec la biosphère et avec l'état de nos connaissances sur le système Terre.

De ces trois prémisses résulte une première liste d'axiomes et de grands principes du système B, exposés dans la partie V : il appartiendra ensuite à Pascal et aux décideurs de les traduire en modèles économiques, choix de design et technologies. Pour l'heure, évoquons simplement son postulat fondamental qui, au même titre que l'illusionnisme technologique pour le système A, constitue la clé de voûte de l'atterrissage du progrès : l'acceptation des limites et des contraintes de notre milieu comme cadre indépassable de nos règles du jeu.

L'idée sous-jacente est celle-ci : alors que le futur appartenait aux décideurs les plus prompts à répliquer – sur d'autres marchés, d'autres continents – des scripts ayant déjà fait leurs preuves, en les optimisant continuellement pour amplifier leurs performances, l'avenir appartiendra dorénavant aux décideurs qui sauront s'adapter en permanence à un jeu de contraintes – physiques, naturelles, biogéochimiques, climatiques – de plus en plus fluctuantes et de moins en moins négociables. Ce grand retour des contraintes peut être accueilli de deux manières : en faisant un caprice et une crise de colère, tel un enfant trépignant de frustration à l'idée que la réalité ne se conforme pas à ses moindres désirs – c'est la voie de l'illusionnisme technologique –, ou en adulte plus sage et subtil, conscient qu'il n'existe aucune innovation ni créativité véritables sans contraintes et qu'à force de vouloir nous en abstraire, nous ne créons plus rien de notre propre intention.

Accepter les limites de notre milieu, c'est accepter le principe d'une capacité de charge du système, donc d'une croissance logistique plutôt qu'exponentielle. C'est renoncer à l'idée, chère aux économistes orthodoxes, que les ressources sont infinies ou infiniment transposables. C'est accepter que nos technocosmes – nos métropoles, nos marchés, nos mondes numériques – ont tous un seuil de contre-productivité, au-delà duquel ils se retournent contre leur objectif initial. C'est, incidemment, accepter l'idée qu'aucune technologie ne devrait pouvoir faire l'objet d'un usage illimité, qu'il existe un *juste* usage et un *juste* dosage de toute chose, qui peuvent être variables en fonction des personnes ou des contextes et néanmoins admettre des seuils objectifs. C'est donc ouvrir la voie à une tarification progressive en fonction de ces seuils et à une priorisation individuelle et collective des usages ; si les contraintes sur l'eau douce, l'énergie primaire ou le débit des réseaux numériques s'accentuent, quels besoins doivent être couverts en priorité ? Cette question, que Pascal et les décideurs seront contraints de se poser, peut être vue dès aujourd'hui comme une formidable opportunité d'exercer leur discernement, et de sortir d'un rapport de dépendance et d'addiction à la plupart des technologies.

Accepter les limites et contraintes de notre milieu comme cadre indépassable revient, à l'échelle systémique, à ne plus considérer les boucles de rétroaction négative comme une friction, un frein à nos exponentielles – donc un problème à résoudre –, mais comme de nécessaires rééquilibrages du système dont nous faisons partie, qui nous protègent contre ses réactions en chaîne et son emballement, donc contre le déterminisme de la catastrophe à venir ; les cycles naturels, même quand ils nous semblent hostiles, sont donc une part essentielle de la solution.

Système B

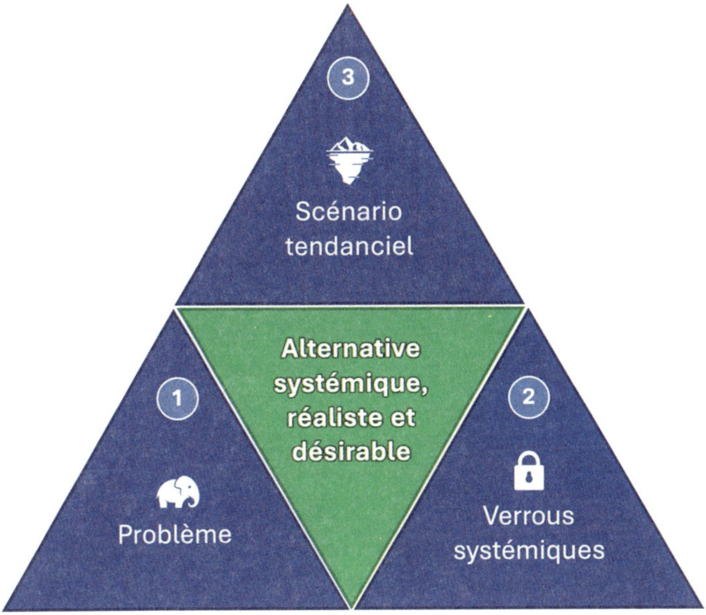

Figure 34. Les décideurs disposent d'un cadre suffisamment consensuel pour dégager les grands principes d'une alternative systémique, dès lors qu'ils admettent (1) le problème posé par notre technosphère, (2) la réalité des verrous systémiques et (3) le scénario tendanciel, certain d'advenir tant que le système A est en place.

Toutefois, pour pouvoir s'aligner sur un contre-récit du progrès, il faut au préalable que les décideurs soient d'accord sur trois niveaux de réalité consensuelle ; qu'ils aient tous la même vision du problème à résoudre, la même connaissance des verrous systémiques qui les empêchent d'agir sur ses causes racines, et la même certitude sur l'avenir qui les attend s'ils extrapolent ce système-là (*Figure 34*). Or ces trois éléments ont beau commencer à être évidents pour Pascal, qui a investi du temps afin d'approfondir le sujet, son histoire personnelle ne suffira pas à en faire une évidence pour tous les décideurs – cela fait bien longtemps que la réalité consensuelle ne se fabrique plus dans les livres.

Avant d'entrer en profondeur dans les axiomes du système B, il faut donc aborder avec Pascal un ultime verrou, qui provoque un délitement systématique de la réalité consensuelle et donc l'impossibilité de satisfaire aux trois conditions décrites ci-dessus. En effet, par une ironie digne des plus grands dramaturges, c'est au moment où l'humanité a le plus tragiquement besoin d'intelligence collective – pour prendre des décisions concertées et éclairées lui permettant de s'adapter au chaos qu'elle fait elle-même advenir – que survient la possibilité, vertigineuse, de la déléguer aux machines.

Une rupture technologique majeure qui, forgée dans le moule du système A, pourrait bien apporter l'ultime pierre à l'édifice de notre technocosme, au risque de le refermer sur lui-même et de ne plus nous permettre d'en sortir.

L'artificialisation du monde

Suite et fin

Une fois que nous eûmes *domestiqué*, *mécanisé*, puis *programmé* le monde, celui-ci nous parut enfin parfaitement adapté à nos besoins. Nous étions capables de faire voler un avion de cinq cents tonnes, d'envoyer des sondes au-delà du Système solaire, de casser le noyau d'un atome, de séquencer le génome entier d'un individu… Mais un problème se présenta : une fois assouvis, nos besoins ne cessaient de grandir. Nous avions la mainmise sur l'extérieur, mais il demeurait excessivement compliqué de piloter nos désirs et nos pulsions, de maîtriser nos angoisses et nos addictions : cette irrationalité tapie dans l'ombre de nos entrailles échappait à notre plan, autrement sans accroc. Elle menaçait de tout faire échouer. L'ultime frontière à notre arraisonnement de la nature se cachait donc en nous-mêmes.

La suite logique fut d'*automatiser* le monde. Puisque la part de désordre en nous refusait de se tarir, puisque notre intelligence obéissait néanmoins à des règles, que l'on pouvait traduire en modèles et en algorithmes, alors nous éduquâmes nos machines à nous imiter en tout. Elles devinrent meilleures à tous les jeux que nous avions conçus : en finance, au poker, en droit, aux échecs, en journalisme, au jeu de go, en médecine, en création artistique... Une fois que nous eûmes traduit chacune de nos idées, de nos fonctions, de nos émotions dans leur langage, celui des données quantifiables, elles donnèrent l'impression de nous comprendre aussi bien, voire mieux que nous-mêmes.

On ne se demandait plus, dès lors, à qui profitaient ces machines : des automates téléguidés faisaient écran devant leurs propriétaires. Ces marionnettes étaient si vraisemblables que nous leur prêtions une intention propre et même un esprit. Elles étaient si bien éduquées que nous nous mîmes à penser qu'elles pourraient nous élever à leur tour, nous sauver de nous-mêmes. Sans elles, qui avaient tout calculé, tout suroptimisé pour que nous ne manquions de rien, comment pourrions-nous éviter le retour du chaos ?

Incidemment, plus notre jumeau technologique proliférait, plus nous le laissions gouverner à notre place, plus nous nous détestions de le voir reproduire nos erreurs. Ses échecs étaient les nôtres, nous en étions persuadés. Le problème n'était pas la machine, bien sûr, mais son modèle. Après tout, elle ne comprenait le monde qu'à travers ce que nous lui en disions, qu'à partir de nos récits partiels et de nos représentations biaisées... Elle ne faisait qu'analyser les ombres que nous projetions sur la paroi de la caverne où nous la retenions captive. Puis nous exigions qu'elle règle nos problèmes, qu'elle nous prédise l'avenir... À ce compte-là, ne valait-il pas mieux que nous échangions nos places, que nous retournions dans les cavernes et que nous lui laissions le champ libre ?

En somme, n'étions-nous pas le problème que nos machines n'arrivaient pas à résoudre ? Depuis le commencement, nous n'avions eu de cesse que d'adapter le monde à nous, pour le rendre plus confortable et plus sécure.

Résultat : nous l'avions rendu plus chaotique et hostile qu'il ne l'avait jamais été. Pouvions-nous encore nous fier à notre intelligence ? Ou fallait-il la laisser s'éteindre et passer le relais, sans faire d'histoires ?

Tout le monde, bien sûr, n'était pas d'accord avec ce programme. À chaque étape, depuis la *domestication* du monde jusqu'à sa *programmation*, certains avaient fait le choix d'un rapport plus sage à la technique, tenant compte de la vie et de l'équilibre des milieux naturels. Et, à chaque étape, ils avaient perdu. Leurs croyances, pourtant, n'étaient pas moins justes, moins sophistiquées ni moins séduisantes que les nôtres – et, à bien des égards, le dénouement de l'Histoire leur donnait raison. Mais elles étaient moins *performatives* : nous avions gagné parce qu'en poussant la technique à son paroxysme, nous avions donné corps à nos illusions, nous les avions *concrétisées*. Nous avions triomphé par la force des choses. Et il était sans doute écrit que nous chuterions, de même, par la force des choses.

Ainsi, notre projet d'artificialisation parvint à son terme. La technique avait été le moyen, elle devint la finalité. Tout n'était pas parfait, certes, mais un progrès restait indéniable : plus jamais le monde n'aurait à souffrir de nos caprices et de notre désir insatiable de l'adapter à nous. La pensée comme la vie sauvages ne seraient bientôt plus qu'un mauvais souvenir. Une fois nos machines aux commandes, c'était sûr, tout irait enfin pour le mieux.

– IV –

LE JEU DE MIROIRS INFINI

« Il semble que chaque nouvelle étape vers l'IA, plutôt que de produire quelque chose dont tout le monde s'accorde à dire qu'il s'agit d'une véritable intelligence, ne fait que révéler ce que la véritable intelligence n'est pas. »

Douglas Hofstadter

21.

L'IA nous sauvera-t-elle de nous-mêmes ?

En dépit des rumeurs insinuant qu'il aurait perdu sa boussole, Pascal continue d'être sollicité par les grands de ce monde pour répondre à leurs interrogations sur l'avenir. S'il est parfois question d'adaptation au changement climatique ou de préservation de la biodiversité, un thème concentre toute l'attention de ses interlocuteurs : l'intelligence artificielle[1]. Pascal y est habitué : depuis quinze ans, il répond aux mêmes questions par les mêmes éléments de langage. *Comment ça marche ? Qu'est-ce que cela va changer à mon marché ? Est-ce que mon métier va disparaître ? Comment faire en sorte de surfer sur la vague plutôt que de la subir ?*

Mais, à son retour de Californie, Pascal n'est plus aussi convaincu par les poncifs creux des livres blancs et rapports d'experts qu'il avait pour habitude de paraphraser – leurs injonctions stériles à l'innovation, à *investir massivement* tout en *mettant le*

1. Dans cette partie IV, nous utiliserons le terme d'intelligence artificielle dans son usage courant, par souci de clarté. Mais, nous le verrons au chapitre 23, cette appellation est trompeuse.

paquet sur la formation... Par ailleurs, il se trouve confronté à des questions plus étranges.

Par exemple, après lui avoir demandé si l'IA pourrait bientôt réduire ses émissions de CO_2 – sans avoir à changer de modèle économique –, puis si elle pourrait bientôt décider à sa place de son prochain budget – afin de le faire valider sans discussion –, un décideur parfaitement raisonnable demande à Pascal, avec le plus grand sérieux : l'IA pourrait-elle bientôt résoudre le conflit israélo-palestinien ?

Cette question, personne n'aurait trouvé concevable de la poser il y a dix ans. Elle est symptomatique d'un sentiment général, qui se répand à toute vitesse : nous accordons de plus en plus volontiers aux algorithmes une confiance que nous n'accordons que très difficilement aux humains, notamment pour prendre des décisions compliquées. Nous leur prêtons l'objectivité, la rigueur et l'honnêteté intellectuelles qui nous feraient défaut. À force, la promesse d'une IA capable de nous sauver de nous-mêmes – et des effets de notre mauvaise gestion du monde – fait son chemin.

Jusqu'à nous faire oublier que l'IA... c'est nous-mêmes ! Une réplique de nous sans la moindre objectivité, puisque ses pensées, ses ambitions, ses intentions sont les nôtres, ou celles de quelques-uns d'entre nous.

Faut-il le rappeler, les modèles d'IA sont entraînés avec nos décisions passées, tel un miroir reflétant nos schémas de pensée. Pour qu'un algorithme puisse devenir médecin, artiste ou journaliste, il s'appuie exclusivement sur des données d'origine humaine qui, pour une écrasante majorité, ont été générées au XXIe siècle – une fenêtre historique extrêmement restreinte, dont l'étroitesse est à l'origine de nombreux biais.

Ainsi, lorsque nous déléguons nos décisions à des IA, nous les déléguons à un agrégat de nos décisions passées – dont la logique sous-jacente est considérée comme la plus juste, puisqu'elle est majoritaire. Autrement dit, nous faisons confiance, pour prendre nos décisions, à une extrapolation de nos schémas de pensée des quinze dernières années, donc au système A. C'est vrai pour nos décisions d'achat (si vous avez acheté ceci, vous aimerez cela), pour la hiérarchisation des informations (si vous pensez ceci, vous serez d'accord avec cela), mais aussi pour nos décisions financières, stratégiques ou politiques qui, une fois automatisées par l'IA, se réduisent à spéculer sur le futur comportement des décideurs à partir de leurs comportements passés, donc à renforcer les verrous systémiques sous-jacents.

Cela étant dit, Pascal doit néanmoins répondre à la question qui lui a été posée.

Admettons donc qu'une IA soit missionnée pour dessiner les *justes* frontières entre Israël et la Palestine, après avoir ingéré toutes les données qu'on peut trouver sur le sujet. La décision étant existentielle et ses implications gravissimes, beaucoup de gens mettraient naturellement en doute l'objectivité du résultat obtenu. De façon légitime, on questionnerait les données d'apprentissage du modèle, nécessairement biaisées et subjectives, ne serait-ce que par leur sélection : on irait compter le nombre de sources pro-israéliennes et pro-palestiniennes, puis le nombre d'arguments retenus de chaque source, le poids relatif de ces arguments dans le modèle, etc. Tout aussi légitimement, on s'interrogerait à propos des ingénieurs ayant conçu l'algorithme en question – auraient-ils pu, volontairement ou par erreur, conduire à une surévaluation de certains critères favorables à un camp, sans transparence ni concertation ? On évaluerait aussi l'éventuelle partialité des investisseurs ayant financé ce projet, donc le recrutement de ces développeurs, et la neutralité de chaque couche technologique sur lesquelles l'IA repose – l'exploitant des data centers sur lesquels est entraîné le modèle pourrait, par exemple, avoir corrompu quelques mégaoctets ciblés pour influencer le résultat.

Surtout, on voudrait à juste titre savoir comment a été cadré le problème à résoudre, quels objectifs et règles du jeu ont été fixés à l'algorithme pour y répondre. En clair, quel score doit-il optimiser : maximiser le nombre de familles se retrouvant du côté souhaité de la frontière ? Maximiser l'équité dans le partage des terres et ressources ? Minimiser la probabilité de conflits ? Atteindre un optimum de tous ces objectifs à la fois, mais avec quels coefficients ? Et comment modéliser les situations nuancées, non manichéennes, comme les enfants nés de mariages mixtes ?

Au bout du compte, on finirait par se rendre à l'évidence : la décision rendue par l'IA ne sera jamais *neutre* ni *objective*, car elle résulte d'une somme de subjectivités, agrégées selon des modalités qui sont elles aussi subjectives ; prétendre à l'*objectivité* du résultat obtenu relève donc de la mystification. Dès lors, on comprendrait qu'il est impossible de s'abstraire de la complexité de cette décision, qui tient essentiellement à la difficulté de se mettre d'accord, mais que l'on peut seulement *masquer* cette complexité par un tour d'illusionnisme : « Inutile de s'asseoir autour d'une table et de discuter des sujets qui fâchent, nos machines vont nous calculer la réponse. »

C'est pourquoi, pour toute délégation de nos décisions à l'IA, il convient de toujours se poser la question : comment a été cadré le problème, et incidemment, à qui profite ce cadrage ? (*Figure 35*)

Pascal lui-même, en partant de l'hypothèse d'une IA dessinant une *juste* frontière, a implicitement accepté le cadrage suivant : « La résolution du conflit israélo-palestinien passe nécessairement par une solution à deux États. » Mais d'autres acteurs pourraient avoir envie d'un autre cadrage, tout aussi implicite. Ainsi, quand le cyber-renseignement de l'armée israélienne utilise l'IA pour évaluer une cible militaire et en déduire le nombre de victimes collatérales acceptables au regard de la valeur de cette cible, on retrouve la même technologie au service d'un cadrage radicalement différent

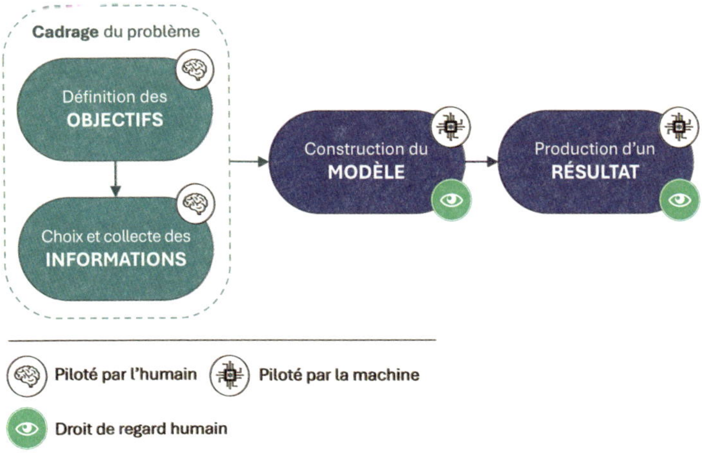

Figure 35. Dans ce processus de décision, chaque étape est potentiellement « biaisée » par une intervention humaine. Bien que produit par la machine de manière autonome, le résultat est évalué par la subjectivité d'un ou plusieurs humains qui décident en conséquence de valider, d'affiner ou de réentraîner le modèle sous-jacent. De même, le cadrage du problème en amont traduit une représentation nécessairement subjective.

du même problème... Et toujours la même tentation de s'abriter derrière l'objectivité de la décision prise, qui ne fait qu'entériner les biais et les représentations subjectives de ses concepteurs.

Aussi, quand on demande à Pascal si l'IA va résoudre les conflits à notre place, prendre soin des ressources à notre place, réduire nos émissions de CO_2, voire régler le problème du réchauffement climatique à notre place, le cadrage implicite est le fruit de nos verrous systémiques, notamment du biais techno-solutionniste, qui nous pousse à ne voir dans ces défis que des problèmes d'optimisation, purement techniques. Ce cadrage finit donc toujours par faire le jeu de l'artificialisation du monde au nom de sa bonne gestion.

Le point commun entre tous ces cadrages est qu'ils nous dissuadent d'avoir à discuter des critères de la décision, des règles du jeu sous-jacentes au choix qui sera fait : nous laissons simplement une machine appliquer à notre place les scripts du système A, puis nous nous persuadons de l'objectivité de la décision qui en résulte.

22.

Automatiser l'intelligence collective

«La nature est un livre écrit en langage mathématique», écrivait Galilée en 1623. «Tout dans la nature est mathématique», abondait René Descartes à la même époque. Derrière ce désir de traduire le monde en équations, duquel est issue la longue lignée de technologies dont l'IA est l'héritière, Pascal reconnaît en creux les axiomes du système A. Maintenant que l'arraisonnement du monde est accompli, après que nos calculs l'ont modélisé puis remodelé dans sa quasi-totalité, l'incertitude demeure et cela nous est intolérable. Or la principale source de cette incertitude, nous l'avons vu avec le jeu spéculatif, se trouve dans nos propres décisions, imprévisibles par nature. Alors, pour enfin satisfaire à notre désir de prédictibilité, nous entreprenons de traduire en algorithmes la substance même de ces décisions, à savoir notre intelligence.

Depuis son origine en 1947, le projet de la cybernétique porte en lui le fantasme d'une «machine à gouverner» par les nombres, ne serait-ce que par son étymologie – en grec, le terme *kubernêtikê* désigne le gouvernail et le pilotage d'un navire. Ce rêve est à situer sociologiquement et historiquement: au sortir de la Seconde Guerre mondiale et après avoir pris conscience de la puissance du feu nucléaire, empêcher les passions tristes de pouvoir décider du destin du monde était une préoccupation légitime.

Et pourtant, force est de constater que, près d'un siècle plus tard, les fabuleux progrès de la cryptographie, de l'informatique et de l'intelligence artificielle n'ont pas conduit à nous sauver de nous-mêmes. Non seulement les technologies de l'information se heurtent à la complexité du système Terre et au non-déterminisme du vivant – qui résistent à toute modélisation –, mais elles semblent nous conduire à une polarisation accrue des subjectivités et à de nouvelles guerres de chapelles plutôt qu'au triomphe de la raison. Aussi, avant d'accélérer le déploiement de l'IA dans cette direction, il serait raisonnable de vérifier si ce projet ne porte pas en lui, dans son cadrage même, la certitude de son échec. Et si l'automatisation de notre intelligence, stade ultime de l'artificialisation du monde, ne risque pas à son tour d'aggraver le chaos qu'elle prétend éviter.

Un premier paradoxe réside dans la tendance, observée depuis une dizaine d'années, selon laquelle chaque nouvelle génération d'IA, pour obtenir des résultats plus spectaculaires que la précédente, est toujours plus opaque dans son fonctionnement, y compris pour ses développeurs. Plus une IA est efficace, moins son « cheminement de pensée », ses raisonnements nous sont explicables. Cet effet « boîte noire » concerne la majorité des modèles utilisés par le grand public : les ingénieurs comprennent ce qui y entre et ce qui en sort, mais pas ce qui se passe à l'intérieur. Autrement dit, au nom d'une plus grande performance, nous tolérons que l'IA ne suive pas un algorithme déterministe et qu'elle échappe donc partiellement à notre maîtrise – soit précisément le « problème » des intelligences naturelles que nous cherchions à résoudre.

Bien sûr, il demeure une différence, fondamentale : faute de contrôler les moyens mis en œuvre par l'IA, nous contrôlons ses finalités – c'est bien là l'essentiel. Peu importe le chemin tant

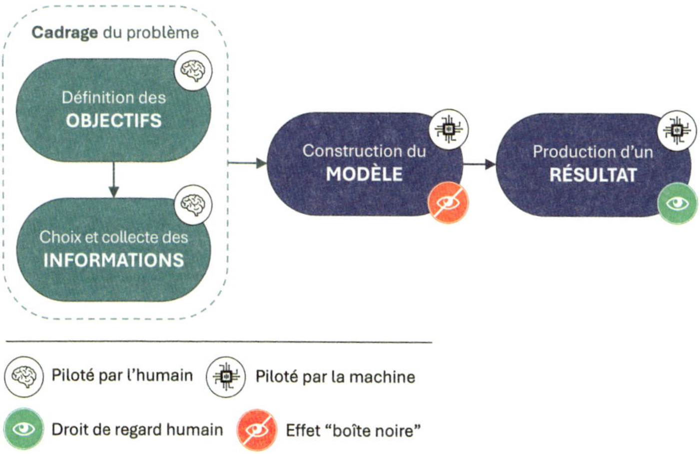

Figure 36. De génération en génération, nous consentons à perdre en maîtrise sur les modèles d'IA au nom d'une plus grande efficacité, c'est-à-dire d'une adéquation accrue de leurs résultats aux objectifs fixés par leur concepteur.

qu'elle obtient un résultat prédictible et satisfaisant. Tant que Deep Blue bat Garry Kasparov au jeu d'échecs, tant qu'AlphaGo bat Lee Sedol au jeu de go, tant qu'un algorithme de *trading* réalise des gains supérieurs à son coût, peu nous importe *comment* : la fin justifie de ne pas connaître les moyens (*Figure 36*).

Mais quid des résultats subjectifs, dont il est plus compliqué de décider s'ils satisfont ou non au but fixé ? Quand les règles du jeu sont claires et déterminées à l'avance – aux échecs, au jeu de go, en Bourse –, la *valeur* d'un résultat obtenu est évidente. Mais, dans la plupart des cas où s'exerce notre intelligence, les règles sont plus complexes, sujettes à interprétation. Imaginons une IA « arbitre de football », qui décide de siffler penalty pour une main jugée intentionnelle dans la surface de réparation. Une IA « taxi autonome », qui décide de freiner pour éviter un chat qui traverse la route, et provoque un accident. Une IA « écrivain policier », qui décide de ne pas dévoiler l'identité du meurtrier à la fin de son récit, pour que ses lecteurs se sentent obligés d'acheter la suite. Comment évaluer l'efficacité de ces choix, dans la mesure où il n'existe pas de *bonne* décision objective ? Si cet arbitre, ce chauffeur et cet écrivain étaient des humains, nous apprécierions qu'ils nous fassent part de leur raisonnement, du cheminement qui les a conduits à prendre cette décision-là plutôt qu'une autre, et cette conversation serait plus déterminante pour juger de l'intelligence du résultat que ne le serait leur décision en elle-même. Or, avec une IA « boîte noire », c'est impossible[1].

Dès lors, comment déterminer si la *machine* ayant pris cette décision a fait preuve d'*intelligence* ? C'est la question qu'Alan Turing s'est posée, pour concevoir son célèbre test : cherchant à démontrer par des moyens objectifs qu'une machine théorique serait capable de penser, il a rapidement établi que cet énoncé serait à jamais tributaire du langage et de nos interprétations, nécessairement subjectives, des termes « machine » et « penser »[2]. Il a donc mis au point son fameux *jeu d'imitation*, permettant d'évaluer l'efficacité d'une IA non plus par une mesure objective, mais par son aptitude à duper notre discernement en se faisant passer elle-même pour humaine.

L'engouement généré par les IA génératives, depuis la première version de ChatGPT, tient précisément à leur talent

1. Bien sûr, une IA générative comme ChatGPT pourrait nous donner l'impression, si on lui soumettait cette requête, de justifier son raisonnement. Toutefois, non seulement son explication ne refléterait pas le véritable fonctionnement du modèle ayant conduit à sa prise de décision – lequel ne peut être exprimé en langage naturel –, mais elle aurait utilisé, pour générer ce texte, un autre modèle tout aussi opaque et inexplicable.

2. Le corps humain est-il, comme on l'entend parfois, une « machine » biologique ? Une démonstration mathématique est-elle le reflet d'une « pensée » ? En fonction de nos réponses à ces questions, chercher à établir si une machine peut penser prend un sens radicalement différent.

de mimétisme. Par rapport aux générations précédentes, ces nouveaux modèles se distinguent moins par leur intelligence que par *le spectacle de leur intelligence*, nettement plus convaincant du fait de leur maîtrise du langage. Ils passent ainsi le test de Turing avec un tel brio qu'il va peu à peu devenir impossible de savoir si une publication, un devoir scolaire, une photo, un film ont été générés par des voies naturelles ou artificielles – au risque d'accélérer le délitement de la confiance mutuelle, de la réalité consensuelle et du discernement au sein de nos sociétés.

Or, pour parvenir à cet objectif – pour qu'un texte généré par ChatGPT ou une image générée par Midjourney donnent l'impression d'avoir été créés par un être humain –, il a fallu que le résultat produit soit non déterministe : au même titre qu'une intelligence naturelle, ces IA ne répondront jamais deux fois la même chose à une même requête. On en arrive donc à un second paradoxe : au nom d'une plus grande efficacité, non seulement nous tolérons que le cheminement d'une IA ne suive aucune programmation, mais nous acceptons aussi que son résultat échappe à toute prédictibilité – condition sine qua non pour qu'il ait l'apparence du vivant (*Figure 37*).

Bien sûr, cette impression de non-déterminisme est un leurre, car les concepteurs de la technologie gardent la maîtrise de l'essentiel : le cadrage du problème. Ainsi, quel que soit le résultat produit, quel que soit son modèle pour y parvenir, l'IA respecte le but et les règles du jeu que des humains ont définis pour elle, et sa représentation du monde sous-jacente reste circonscrite aux informations dont on veut bien la nourrir.

Prenons l'exemple du service client d'un fabricant de lave-linge. Il y a trois ans, Pascal s'y est déjà cassé les dents à la suite d'une panne. Essayant de faire intervenir un technicien pour réparer sa machine, il a essayé toutes les options offertes par la voix monocorde du serveur vocal – « si vous souhaitez suivre une

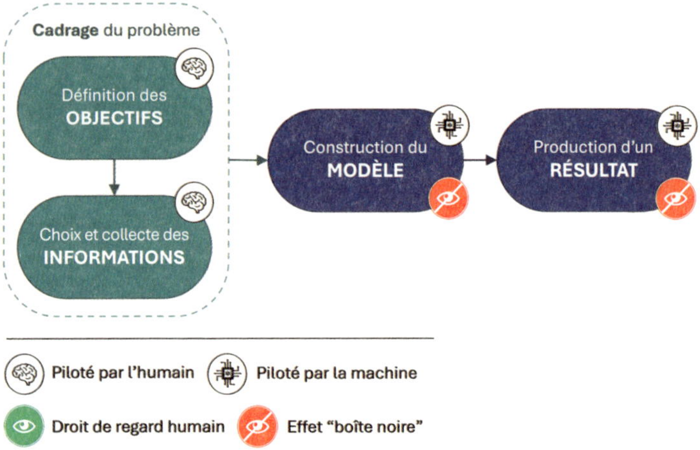

Figure 37. Pour que le résultat produit par l'IA passe le test de Turing, nous devons accepter son indétermination.

commande, tapez 1 ; pour tout savoir sur notre programme de fidélité, tapez 2 » – sans jamais tomber sur l'option recherchée, qui n'avait pas été prévue dans l'arbre de décision prédéfini par l'entreprise : cette programmation visible des schémas d'actions possibles était bien sûr liée à son modèle économique. Cette année, rebelote : le nouveau lave-linge de Pascal tombe en panne. Il appelle le même numéro et, cette fois, c'est une IA générative à la voix chaleureuse et ultra-réaliste qui lui répond. Elle est capable de discuter avec Pascal, de faire preuve de compétence, d'empathie, voire d'une certaine bienveillance : cela fait bien longtemps qu'il n'a pas eu d'interaction aussi agréable, pour ne pas dire « humaine », avec un chargé de clientèle – et pour cause, son discours est moins programmé, cadenassé par un algorithme prédéfini que celui de ses homologues en chair et en os. Pour autant, à l'issue de cette aimable conversation, une chose est certaine : Pascal ne pourra pas davantage faire réparer son lave-linge ! L'indétermination apparente des réponses de cette IA aura au mieux permis de camoufler le déterminisme des schémas d'actions qu'elle propose, qui se limitent au même arbre de décision, dicté par le même modèle économique.

La règle du jeu sous-jacente à ces deux paradoxes est que l'IA doit paraître assez non déterministe pour qu'une intelligence humaine la juge naturelle, et néanmoins rester assez déterministe pour satisfaire à l'intention de ses concepteurs. Une grande part de sa rentabilité potentielle tient à ce nouveau tour d'illusionnisme technologique, consistant à faire passer des décisions cadrées à l'avance pour naturelles et spontanées – dans le cas du service client –, ou objectives et dénuées de biais – dans le cas du conflit israélo-palestinien. Dans tous les cas, l'artificialisation de notre intelligence aboutit à ce que les décisions prises et le modèle sous-jacent soient de moins en moins discutables. L'effet « boîte noire », symbolisé sur la figure par un œil barré, signifie fondamentalement ceci : nous perdons tout regard critique sur une étape clé du processus décisionnel.

C'est le principe fondamental du projet d'automatisation de l'intelligence collective : rendre cette dernière plus efficace, plus performante, en la figeant dans ses modèles et représentations actuels, en sortant ces éléments du champ de la conversation, donc de ce dont nous pouvons délibérer et décider collectivement... Et ce, à l'heure où nous aurions précisément besoin, à l'inverse, de freiner un peu sur la performance pour pouvoir changer de paradigme.

On peut prolonger cette tendance en analysant la prophétie d'une IA « forte » et de la *singularité technologique*[1], que les techno-évangélistes annoncent comme le Messie. Dans ce

1. La singularité technologique désigne la croyance selon laquelle l'intelligence artificielle, à partir d'un certain degré de performance, prendra les commandes du progrès technique et sera capable de s'auto-améliorer continuellement, de nouvelles générations de technologies incompréhensibles pour l'homme se succédant à un rythme exponentiel.

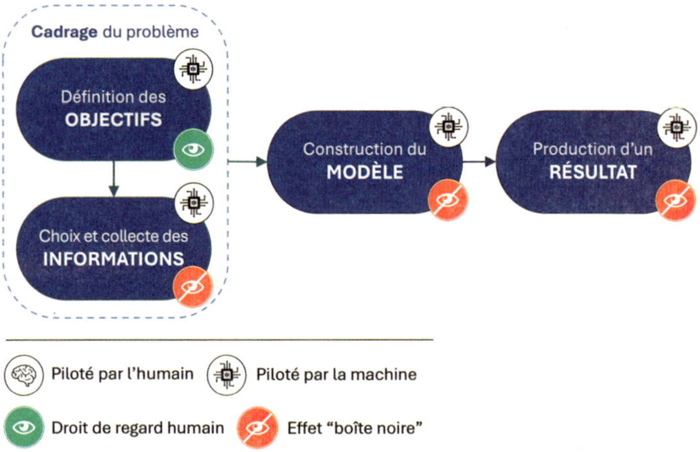

Figure 38. Au nom du déterminisme technologique, l'automatisation de l'intelligence collective tend à rendre l'IA aussi peu déterministe que l'intelligence naturelle. Ce projet porte donc en lui-même la certitude de son échec.

scénario, l'IA deviendrait capable de *décider* elle-même de ses objectifs, de sa propre représentation des problèmes et des informations pertinentes pour y répondre. On se retrouverait donc dans une accentuation des deux paradoxes observés jusqu'ici : les « pionniers » de cette superintelligence contribueraient à faire tendre davantage l'IA vers le non-déterminisme auquel elle était censée nous faire échapper, au prétexte de pouvoir programmer l'infime part de déterminisme qui lui resterait.

Cette extrapolation de la trajectoire actuelle ne peut mener qu'à plus d'arbitraire – une concentration du pouvoir aux mains de groupes utilisant l'IA pour imposer un paradigme qui leur profite comme déterministe – et, concomitamment, à plus de chaos : une perte progressive de maîtrise de l'IA qui, à force d'imiter le non-déterminisme du vivant, en deviendrait la chambre d'écho, donc une source d'incertitude additionnelle (*Figure 38*).

23.

Une intelligence augmentée ?

À cela les techno-évangélistes, dont Pascal peut désormais prédire le discours aussi facilement que ChatGPT, répondront : « Peu importe qui prend les décisions, peu importe le libre arbitre, tant que l'intelligence de nos sociétés progresse. » Mais est-ce vraiment le cas ? L'artificialisation du monde reposait sur l'hypothèse qu'un transfert illimité de ressources et d'énergie depuis la biosphère et la lithosphère vers la technosphère allait systématiquement créer de la valeur ; nous avons vu le résultat. De même, la ruée vers l'IA repose sur l'hypothèse qu'un transfert illimité des processus de décision depuis la biosphère vers la technosphère va systématiquement créer de l'intelligence : n'est-il pas à craindre que cette supposition soit absurde pour les mêmes raisons que la première ?

S'il s'agit, à l'échelle systémique, d'un jeu à somme nulle – rien ne se perd, rien ne se crée, tout se transforme – et si nous croyons malgré tout que cette transformation crée globalement plus d'intelligence, n'est-ce pas faute de comptabiliser ce que nous y perdons ?

De nombreuses études scientifiques établissent qu'un humain déléguant une fonction de son intelligence à un outil numérique verra logiquement s'atrophier la partie de son cerveau associée à cette fonction. Par exemple, les conducteurs de taxi ou de VTC utilisant systématiquement leur GPS perdent une part significative de leur capacité à se situer dans l'espace, au bout de quelques années seulement.

Les intelligences artificielle et humaine sont donc en coévolution et ne s'additionnent qu'à la condition que l'une ne phagocyte pas l'autre. Par une analogie biologique, on pourrait théoriquement parler d'IA symbiotique (dont les progrès bénéficieraient à l'intelligence collective), d'IA parasite (qui se développerait au détriment de l'intelligence collective) et d'IA compétitive (qui instaurerait une relation antagoniste nuisible pour elle-même et pour l'intelligence collective). Ainsi, pour que l'IA tienne réellement sa promesse d'accroître l'intelligence de nos sociétés, elle devrait nécessairement être symbiotique (*Figure 39*)... à moins de trouver crédible, et souhaitable, l'hypothèse d'une IA parasite réussissant à se passer de l'intelligence humaine avant de l'avoir épuisée.

Sans le savoir, Pascal a déjà abordé quelques exemples d'IA parasites au cours de cet ouvrage. L'IA « interprète » évoquée au chapitre 12, qui promettait de traduire en temps réel une conversation entre deux interlocuteurs de langues différentes, conduit à nous dessaisir de l'apprentissage de langues étrangères. L'IA de Facebook abordée au chapitre 14, qui filtre les contenus pour nous présenter les plus pertinents à nos yeux, a des effets désastreux sur notre capacité collective à hiérarchiser l'information. L'IA générative décrite au chapitre précédent, par sa réussite insolente au test de Turing, fait s'effondrer notre capacité à discerner le vrai du faux, l'artificiel du naturel, donc à faire consensus sur la réalité. Si bien que notre décideur en vient à se demander si les règles et modèles économiques du système A n'ont pas tendance à favoriser la création d'IA parasites.

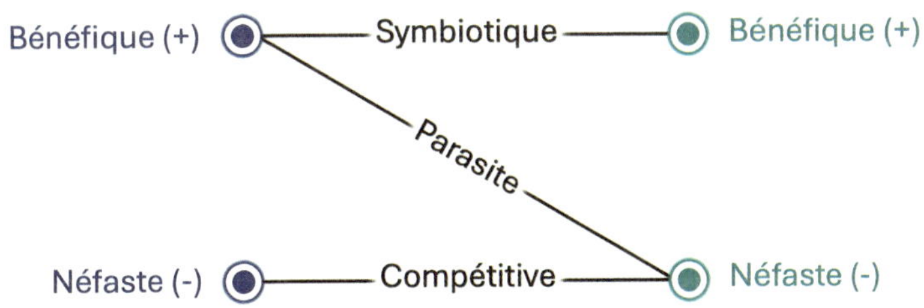

Figure 39. Possibilités de coévolutions entre l'intelligence artificielle et l'intelligence collective humaine.

Prenons le cas d'une IA littéraire, spécialisée dans l'écriture de romans : deux jeunes entrepreneurs, Arthur et Bianca, ont développé un modèle extrêmement performant en la matière, mais sont en désaccord sur la stratégie commerciale à adopter. Arthur, fidèle au système A, veut bâtir une IA parasite – même s'il ne la présenterait pas en ces termes – dont le but serait d'industrialiser l'écriture de best-sellers en appliquant les meilleures recettes et en suroptimisant ce qui marche auprès du public : proposer à chaque lecteur le héros, l'intrigue, les thématiques, les dialogues les plus à même de lui faire vivre une aventure inoubliable. Bianca, en quête d'un système B, part du principe que l'attention des gens n'est pas illimitée et qu'il faut donc en faire bon usage : elle souhaite pour sa part construire une IA symbiotique, dont le but serait d'offrir à chaque romancier des conseils, critiques et retours de lecture personnalisés pour le pousser à écrire la version la plus aboutie de l'histoire qu'il veut raconter.

Ce qui distingue ces deux versions d'une même IA, c'est leur cadrage très différent du problème à résoudre.

La version d'Arthur poursuit un objectif quantitatif (vendre des millions d'exemplaires) quitte à noyer, ringardiser, voire remplacer le travail des écrivains humains nécessaire à son apprentissage : à l'image d'un parasite biologique, elle épuise les ressources de son hôte, au risque de dégrader à terme ses conditions d'existence. De même, elle nuit à l'intelligence de ses lecteurs, en ne les confrontant qu'à des histoires, des idées et des personnages susceptibles de leur plaire ou de susciter une vive réaction émotionnelle de leur part – ce qui revient à étendre aux romans les bulles de filtres déjà à l'œuvre sur les réseaux sociaux, avec les mêmes effets.

La version de Bianca, en revanche, poursuit un objectif qualitatif – améliorer le degré d'aboutissement des romans publiés – et une condition de sa réussite est un gain d'intelligence humaine : elle ne remplace pas l'auteur mais instaure une relation de co-bénéfice avec lui ; en lui signalant ses répétitions, ses clichés, les faiblesses de son intrigue ou de ses personnages, elle lui permet de préciser son propos, d'affiner son écriture... Contrairement à celle d'Arthur, la version de Bianca contribue donc à donner davantage de ressources à son hôte, ce qui lui profite : elle ne risque pas de devoir un jour s'entraîner en boucle sur des contenus qu'elle aura elle-même générés.

En décideur chevronné, pourtant, Pascal a déjà compris que la version d'Arthur allait l'emporter : il suffit de se remémorer le feuilleton d'OpenAI pour que la suite de l'histoire s'écrive toute seule. L'IA parasite offrant des rendements plus élevés et plus immédiats, elle lèvera davantage de fonds auprès des investisseurs, qui permettront à Arthur de recruter les meilleurs ingénieurs, d'arriver très vite en position de monopole et de multiplier les nouvelles versions à un rythme qu'aucun de ses concurrents ne pourra suivre, afin de « tuer le marché »... Le design alternatif de Bianca se retrouvera, au mieux, dans la niche *éthique et responsable*, c'est-à-dire qu'elle ne pourra jamais dépasser les 20 % de parts de marché.

Le succès de cette nouvelle IA parasite en fera un nouveau standard dans l'industrie littéraire, mais contribuera dans le même temps à saturer davantage encore l'attention des consommateurs de contenus, les poussant à privilégier de plus en plus les formats courts et demandant peu d'efforts cognitifs – au détriment, donc, de la littérature.

Si cela ne suffisait pas, un dernier élément distingue ces deux stratégies, qui explique à lui seul pourquoi le système A favorisera toujours une IA parasite sur son alternative symbiotique. Dans la version de Bianca, l'utilisateur peut décider à tout moment de se passer – partiellement ou en totalité – de cet outil, sans perdre aucun des bénéfices que ce dernier lui a d'ores et déjà apportés – la bonification de son style d'écriture, ses progrès dans la construction de l'intrigue et des personnages... La conversation humaine s'est de fait enrichie, l'auteur pouvant à tout moment reformuler ses nouvelles connaissances afin que d'autres en profitent – sans nécessairement qu'il y ait une transaction marchande : une hérésie, selon la logique du système A.

Dans la version d'Arthur, en revanche, il se produit un effet de verrouillage immédiat : dilemme du prisonnier, dépendance au sentier, effet rebond... Très concrètement, l'intelligence nécessaire à l'écriture d'un roman n'est plus stockée dans une mémoire vivante – celle des écrivains, des éditeurs, des lecteurs et de tous les débats et conversations qui ont lieu sur le thème « qu'est-ce qu'un bon roman » –, mais dans un modèle d'IA « boîte noire » dont le client est dorénavant captif : s'il cesse d'y avoir recours, il peut dire adieu à l'attention de son lectorat. Du fait de ces verrous, l'IA parasite est systématiquement plus rentable pour son concepteur.

Que peut en déduire Pascal ? L'IA rend-elle nos sociétés plus intelligentes ? Le nom même de cette technologie, qui relève de l'autosuggestion, témoigne d'une volonté d'orienter la réponse à cette question, sans trop y réfléchir. En effet, employer le terme d'*intelligence artificielle* pour désigner ces systèmes de traitement automatisé d'information revient à entériner un raccourci de pensée, postulant que l'intelligence se résume à du traitement d'information – une thèse nettement plus répandue chez les informaticiens que chez les neurobiologistes. Pourtant, au terme de soixante-quinze ans d'augmentation exponentielle de nos capacités computationnelles, a-t-on des raisons de penser, voire des moyens de démontrer que celle-ci nous a conduits à plus d'*intelligence* – qu'elle soit individuelle, collective ou à l'échelle des méta-organismes que sont nos sociétés ?

Il ne s'agit pas ici de remettre en question les innombrables bienfaits des technologies de l'information, mais de prendre une seconde au sérieux l'appellation « intelligence artificielle » : que se cache-t-il, au juste, à l'intérieur de nos boîtes noires ? S'agit-il d'une intelligence additionnelle, émergeant de la somme des nôtres ; ou s'agit-il encore d'un tour d'illusionnisme, visant cette fois à faire passer une gigantesque machine à calculer pour intelligente – donc à même de gouverner par les nombres, et de se voir déléguer toutes nos décisions ?

Cette question, comme l'a démontré Alan Turing, est éternellement tributaire du sens que nous donnons au mot « intelligence ». Or, dans la quasi-totalité des définitions de ce terme, on retrouve l'idée d'*adaptation* : un organisme ou un système intelligents se distinguent par leur aptitude à s'adapter à des situations nouvelles, à choisir des moyens d'action adéquats en fonction des circonstances. Si on rebaptise un instant l'IA « système de traitement automatisé d'information » (STAI) – une description plus fidèle de la réalité –, on peut donc dire que les STAI ne contribuent à accroître l'intelligence disponible au sein de nos sociétés que s'ils nous rendent, individuellement et collectivement, plus aptes à nous adapter aux fluctuations de notre environnement, à prendre des décisions justes et éclairées au regard de circonstances changeantes. Cela tombe bien : c'est le thème de ce livre – et, accessoirement, notre plus grand défi pour les décennies à venir.

Ce que l'anthropocène met en question, c'est précisément cette intelligence-là, qui a peut-être eu tendance à nous faire défaut depuis quelques siècles, à force d'adapter le monde à nous et de nous plier à nos seules décisions.

Or, ce que nous nommons IA, nous l'avons vu, est avant tout une machine à reproduire et perpétuer nos schémas de pensée des siècles derniers, voire les amplifier dans une optique de vitesse, de performance et d'efficacité accrues. Cette suroptimisation est-elle de nature à nous rendre intellectuellement plus adaptables au regard du monde qui vient, plus lucides, plus à même de naviguer dans l'incertitude en faisant constamment évoluer nos cartes mentales ? Ou est-elle de nature à renforcer le technocosme, donc l'illusion que nos règles du jeu primeront toujours sur les lois naturelles ?

Dans la Silicon Valley, Pascal a maintes fois entendu les techno-évangélistes répondre à leurs contradicteurs, qui s'inquiétaient que l'IA réduise le champ de notre libre arbitre ou de notre conscience du monde qui nous entoure, que ces concepts n'avaient aucune réalité scientifique : il était impossible d'affirmer que nous-mêmes ayons un *libre arbitre* ou une *conscience*, puisque les philosophes s'écharpent à ce sujet depuis des siècles. CQFD. Aveuglés par le rêve de traduire l'intelligence humaine en calculs et en modèles, les adorateurs de l'IA ne reconnaissent plus de l'intelligence que ce qui accepte de s'y réduire, donc sa part calculable et modélisable, le reste étant laissé au champ de la métaphysique.

Cette simplification excessive est au fondement du concept d'intelligence artificielle, qui induit une vision de l'intelligence réduite à ce qu'on peut en artificialiser. Il s'agit donc d'offrir une puissance technologique de démiurge – rappelons-le, au prix d'un réagencement colossal de matière et d'énergie – à la part de notre intelligence que nos calculs peuvent répliquer et de lui permettre ainsi, par cet effet de levier considérable, de prendre toutes nos décisions sans s'encombrer de la part qu'il en reste – dont nous considérons qu'elle nous fait perdre du temps. Puisque cette

« face cachée » de notre intelligence refuse de se refléter dans le miroir de nos modèles, nous préférons postuler qu'elle n'existe pas, ou qu'elle est parfaitement inutile.

Pascal se retrouve donc dans une situation analogue à celle du chapitre 16, lorsqu'il s'efforçait en vain de convaincre un économiste orthodoxe que son projet d'exploitation pétrolière impliquant de raser une forêt pluricentenaire allait détruire plus de valeur qu'il n'allait en créer. Pour les mêmes raisons, le décideur pourra difficilement convaincre un techno-évangéliste que l'IA détruit plus d'intelligence qu'elle n'en crée, car la notion d'intelligence est biaisée pour surestimer la part que nos machines savent démultiplier, et sous-estimer, voire ignorer celle qu'elles dégradent, en la cachant sous le tapis de ce qu'on ne peut ni calculer, ni modéliser.

Cette part mise au rebut ne se résume pas à l'intuition ou aux émotions, comme on le lit trop souvent : elle inclut notre discernement, notre libre arbitre, notre esprit critique, notre aptitude à faire sens du monde et à s'accorder sur une réalité consensuelle, notre hiérarchisation des problèmes et de l'information, notre connaissance de nous-mêmes, nos capacités de délibération collective… S'il est impossible de quantifier l'intelligence que nous perdons, c'est parce que nous en perdons précisément la part qui n'est pas quantifiable – *parce qu'elle n'est pas quantifiable*. C'est un sérieux problème, car on pourrait arguer du fait que cette intelligence-là, trop qualitative et trop subtile pour rentrer dans nos modèles, donc dans le moule du système A, est la plus précieuse pour nous permettre d'en sortir.

Nous l'avons vu, vouloir confier nos décisions à l'IA part du principe qu'il y aurait une solution objective, une réponse optimale à chaque problème, à l'anthropocène comme au conflit israélo-palestinien. Or, pour avoir participé à des COP, à des négociations de traités et à des débats politiques – à l'époque où ceux-ci traitaient encore d'écologie –, Pascal sait que la complexité des problèmes tient le plus souvent à se mettre d'accord sur leur cadrage : la définition consensuelle des priorités, des objectifs. Au lieu de nous y aider, l'IA propose de nous donner l'illusion que cette difficulté n'existe plus : « Inutile de s'asseoir autour d'une table et de discuter des sujets qui fâchent, nos machines vont nous calculer la réponse. » Ce qui revient à renforcer les positions dominantes.

Ainsi, quand l'IA « arbitre de football » siffle penalty, quand l'IA « chauffeur de taxi » pile et provoque un accident, quand l'IA « écrivain policier » brise le pacte de confiance avec ses lecteurs, les seuls critères qui vont permettre de décider si la décision prise est la « bonne » sont les règles du jeu et les modèles économiques du système A, qui décident de la valeur de toute chose. Si le penalty lèse financièrement un gros club, en le privant par exemple d'une compétition rapportant 100 millions d'euros de droits télévisés, le concepteur de l'algorithme aura toutes les chances de considérer que la décision était « mauvaise » – surtout si le club en question le poursuit en justice afin d'être dédommagé – et de veiller à ce qu'elle ne se reproduise pas. De même, si le coût de l'accident estimé par l'assurance du taxi est supérieur au coût estimé du scénario dans lequel il n'aurait pas freiné – quitte à écraser le chat qui traversait la route –, la décision sera de fait considérée comme « sous-optimale ». Quant au roman policier, si l'addiction des lecteurs prend le pas sur leur colère et les persuade de se ruer sur le deuxième tome, on en déduira que l'IA a pris une « excellente » décision en ne dévoilant pas le meurtrier – bientôt, des milliers d'autres polars surferont sur cette nouvelle tendance.

Dans tous les cas, chaque décision automatisée aura pour conséquence certaine de nous verrouiller un peu plus dans le système A, puisque tout ce qui ne se réduit pas à sa logique devient indiscutable.

24.

Le technocosme ultime

🔒9 Intelligence artificielle

Ces trois derniers chapitres tendent à montrer que l'intelligence artificielle est un verrou systémique en soi. Mais, en réalité, Pascal n'a pas besoin d'attendre qu'on lui demande si cette technologie peut résoudre des conflits géopolitiques, écrire des livres ou conduire des véhicules à notre place pour s'en rendre compte : il lui suffit d'observer les conséquences des précédentes générations d'IA déployées.

De toutes les fonctions de notre intelligence, l'aptitude à trier, filtrer, évaluer et hiérarchiser l'information est celle que nous avons le plus déléguée aux algorithmes au cours des quinze dernières années... Le bilan est sans appel : en un temps record, nous avons perdu une grande partie de notre capacité à dissocier le vrai du faux, les faits des opinions, l'essentiel de l'insignifiant ; les démonstrations rigoureuses des théories de comptoir ; ce qui relève du savoir ou de la croyance, de l'expression spontanée ou de la propagande orchestrée. En un mot, notre *discernement* s'est effondré.

Pascal va en faire la triste expérience. Convaincu par la nécessité d'une alternative au sens du progrès actuel, il se fixe pour mission d'en convaincre à son tour le plus grand nombre. Afin d'engager une conversation en ligne, il travaille avec un studio de production sur une vidéo présentant, en quinze minutes, les principaux problèmes posés par notre technosphère, les verrous systémiques et l'avenir qui se présente à nous *par la force des choses*. À défaut d'espérer faire émerger une réponse commune à la question *De quel progrès avons-nous besoin ?*, Pascal voudrait que cette réflexion permette au moins l'atteinte d'un premier niveau de consensus, sur les faits les moins discutables et la nécessité d'un système B, ne serait-ce que pour disposer d'une stratégie de repli systémique.

Tout lecteur rompu à l'usage des plateformes aura compris que le projet de Pascal n'a aucune chance d'aboutir. Pourquoi ? Parce que les raccourcis de pensée, les biais et les tours d'illusionnisme évoqués aux chapitres précédents ne sont pas l'apanage des nouvelles générations d'IA, mais plutôt le prolongement de ce qui est déjà à l'œuvre dans ces algorithmes qui façonnent, au quotidien, nos conversations et notre représentation du monde.

Comme l'IA hypothétique du chapitre 21, qui promettait de résoudre le conflit israélo-palestinien, les algorithmes invisibles du Web tirent leur légitimité à filtrer l'information d'une fausse impression d'objectivité, qui masque en réalité un cadrage partial et biaisé du problème à résoudre.

Loin des promesses initiales des concepteurs de ces plateformes – interconnecter les esprits humains, libérer la connaissance –, leur réagencement de l'information répond avant tout à l'objectif dicté par leur modèle économique : recueillir un maximum de données et d'attention de leurs utilisateurs. Comme nous l'avons vu au chapitre 17, l'optimisation de cet objectif implique de proposer à chacun une information filtrée pour le conforter dans ses désirs, ses émotions, son système de croyances et ses biais. C'est à cette condition que ces milieux artificiels sont devenus le lieu central où tout se passe, où toutes les conversations se déroulent et où toutes les attentions se focalisent... avec des conséquences très lourdes sur la réalité consensuelle.

La transformation profonde, par rapport aux médias traditionnels (presse, télévision, radio), réside dans le fait que la hiérarchisation de l'information devient subjective, adaptable à chaque individu. Concrètement, cela signifie qu'aucune information ne peut être jugée plus pertinente ou importante qu'une autre *de manière objective* : sa pertinence ou son importance dépendent exclusivement de l'intérêt potentiel qu'elle suscitera chez un utilisateur donné. Une citation prêtée à Mark Zuckerberg résume ce principe : « Parfois, un écureuil en train de mourir dans votre jardin peut être plus pertinent pour vos intérêts que des gens en train de mourir en Afrique. »

Pour le projet de Pascal, c'est une mauvaise nouvelle car, « parfois », voire la plupart du temps, une opinion simpliste défendant nos investissements, nos habitudes ou nos penchants politiques sera considérée comme « plus pertinente pour nos intérêts » qu'un argumentaire rigoureux visant à les remettre en question. Jamais la qualité, la robustesse scientifique ou la portée d'un raisonnement n'entrent en ligne de compte dans le choix du nombre d'utilisateurs auxquels il sera diffusé.

Ce phénomène fait l'objet d'une loi : la loi de Brandolini[1], qui induit qu'en l'absence d'évaluation objective de l'information, le bruit finit par l'emporter sur la connaissance, car il est moins complexe à produire, à diffuser et à consommer. Le cadrage de

---

1. La loi de Brandolini, aussi nommée « principe d'asymétrie des baratins » (*bullshit asymmetry* en anglais), stipule que la quantité d'énergie nécessaire pour réfuter une idée fausse ou un baratin est supérieure d'un ordre de grandeur à celle nécessaire pour la produire initialement. Par exemple, publier « il fait très froid cet hiver : le réchauffement climatique est une arnaque » sur X requiert 10 secondes et très peu d'efforts cognitifs, tandis que démontrer l'absurdité de cette phrase requiert au moins 10 minutes, des arguments complexes et un rappel de savoirs fondamentaux.

l'IA des plateformes conduit donc à ce que les contenus intelligents soient systématiquement noyés dans le vacarme des affirmations simplistes.

Justement, à l'instant où Pascal publie son appel au discernement technologique, un polémiste diffuse une vidéo sur la « débilité profonde » de la décision des « Khmers verts » de l'Union européenne d'interdire la vente de véhicules thermiques à partir de 2035, et dénonce au passage « l'arnaque du réchauffement climatique » au prétexte qu'il « n'a jamais vu autant de neige dans les Vosges ». Malheureusement pour notre décideur, il n'existe aucun critère permettant à l'IA de juger de la valeur relative de ces deux informations, autrement que par la satisfaction et le confort intellectuels qu'elles procureront à chaque utilisateur.

Au bout du compte, des thèses absurdes finissent par avoir *la même pertinence et la même importance* perçues que des vérités scientifiques : ainsi, entre 2019 et 2022, le doute sur l'origine anthropique du réchauffement climatique, que le GIEC qualifiait de « sans équivoque » en 2021, a néanmoins progressé de 7 % en France[1]. Ce délitement de la réalité consensuelle remet en cause nos connaissances les plus fondamentales : 9 % de Français – et 16 % d'Américains – pensent qu'il est possible que la Terre soit plate « et non pas ronde, comme on nous le dit depuis l'école »[2].

Malgré tout, Pascal refuse de baisser les bras. Il lui reste un moyen pour que sa vidéo soit diffusée massivement, en dépit des bulles de filtres : acheter cette visibilité auprès des plateformes. Le décideur lance donc une campagne marketing virale afin que son « contenu sponsorisé », appelant au discernement, se fraie un chemin à travers le bruit des opinions et attire l'attention d'un grand nombre d'utilisateurs.

---

1. Source : ObsCOP 2022, IPSOS, EDF.
2. Source : sondage IFOP pour la fondation Jean Jaurès, 2017.

Hélas, le verrou ne s'arrête pas à ce premier obstacle. Certes, l'appel de Pascal atteint une large cible et la question *De quel progrès avons-nous besoin ?* fait émerger des débuts de conversation intéressants sur le système de transport idéal, le bon usage du numérique... Mais, bientôt, ces discussions sont envahies par des dizaines, puis des centaines de contenus émanant de personnes « ordinaires » ou « proches du terrain », exprimant toutes, par une grande diversité de tons et d'arguments, une position hostile à toute remise en question du statu quo. De sorte que le débat tant attendu tourne court. Que s'est-il passé ?

À l'instar de l'IA « chargée de clientèle » du fabricant de lave-linge, présentée au chapitre 22, les algorithmes à l'œuvre sur nos plateformes sont également passés maîtres dans l'art de déguiser des contenus programmés – campagnes publicitaires, de propagande ou de désinformation – en prises de parole spontanées. C'est le principe de l'*astroturfing*[1], au fondement de l'affaire Cambridge Analytica, des cas d'ingérence étrangère dans les élections occidentales ou des opérations de guerre informationnelle du Groupe Wagner au Sahel... mais aussi de distorsions quotidiennes de l'information, omniprésentes et difficilement détectables : faux commentaires et évaluations de clients en faveur ou au détriment d'un produit, achat de likes pour gonfler artificiellement la visibilité d'une idée ou d'une personnalité, campagnes virales visant à discréditer la toxicité de substances

1. Technique de manipulation de l'opinion, copieusement utilisée sur le Web, visant à faire passer une campagne de propagande publicitaire ou politique pour un mouvement d'opinion spontané d'origine populaire. Le terme *astroturfing* fait référence à une marque de pelouse artificielle : AstroTurf. C'est un jeu de mots sur l'expression américaine *grassroots movement* (que l'on peut traduire par « mouvement à la racine du terrain ») qui désigne des mouvements politiques spontanés, issus de la base de l'opinion, chez les gens « ordinaires ». L'*astroturfing* vise ainsi à donner artificiellement l'impression d'un courant d'idées populaire et largement partagé, pour persuader les internautes par mimétisme.

menacées par une future réglementation, etc. L'*astroturfing* est la conséquence logique du délitement de la réalité consensuelle, évoqué précédemment : puisque la pertinence d'une information dépend du fait qu'elle conforte ou non l'utilisateur dans son système de croyances, il devient possible – et même effroyablement simple – de transformer la « réalité perçue » de millions d'utilisateurs, en générant des contenus sur mesure pour chacun d'entre eux, conçus pour conforter leurs opinions en même temps que les intérêts du propagandiste.

Il faut se figurer un parent, souhaitant que son enfant aille se brosser les dents, qui le lui « ferait dire » par des marionnettes représentant ses héros préférés, en changeant de voix et d'arguments à chaque fois. La puissance de cette arme anti-discernement réside dans ce que les intentions et les intérêts du marionnettiste ne sont jamais manifestes. Au même titre que l'IA « chargée de clientèle », ces chat-bots sont à la fois suffisamment non déterministes pour faire croire à une conversation spontanée, et suffisamment déterministes pour satisfaire aux objectifs fixés par leur concepteur.

Cette arme de persuasion massive, renforcée par la loi de Brandolini – il serait impensable de répondre à chacune de ces prises de parole artificielles pour lui opposer une information de meilleure qualité –, a de beaux jours devant elle. L'exemple d'Arthur démontre le potentiel décuplé qu'offre l'IA générative en la matière : il devient possible de créer des contenus personnalisés de plus en plus sophistiqués (podcasts, vidéos, livres) permettant de donner l'impression d'un large consensus à l'encontre de l'appel au discernement de Pascal.

La pente naturelle du système A voudrait qu'à terme, il existe autant de cadrages de la question *De quel progrès avons-nous besoin ?* que d'individus, chacun baignant dans sa propre chambre d'écho, constituée d'informations sur mesure le confortant dans sa propre représentation du monde.

Qu'à cela ne tienne, Pascal est déterminé. Convaincu que la fin justifie les moyens, il lève à son tour une armée de chat-bots, conçus pour combattre la loi de Brandolini. Leur objectif est de ne laisser aucune affirmation simpliste sans réponse sur les plateformes, de lutter contre la polarisation des points de vue en prônant une pensée systémique : jamais plus un utilisateur ne doit lire un contenu de désinformation sans que lui succède un contre-argumentaire implacable, l'incitant à questionner ses opinions.

Encore faut-il que les commentaires de ces chat-bots soient mis en avant, quelle que soit la chambre d'écho de l'utilisateur ciblé. Or, nous l'avons vu au chapitre 23, pour les IA « arbitre de football », « chauffeur de taxi » et « écrivain policier », en l'absence de critère objectif sur ce qui constitue la *valeur* d'une décision – en l'occurrence, celle de mettre en avant un commentaire plutôt qu'un autre –, la seule *valeur* admise est dictée par le modèle économique du système en place – ici, les likes, cœurs, followers, taux de conversion ou revenus générés.

Ces scores sont le plus grand dénominateur commun à nos réalités fragmentées, les seuls critères auxquels nous accordons tous une légitimité, quelle que soit notre bulle de filtres (*Figure 40*). Ainsi, même les plus fervents pourfendeurs des plateformes consentent, dès lors qu'ils les utilisent pour faire passer leurs idées – comme Pascal –, à légitimer la pertinence de ces indicateurs et des règles du jeu qu'ils induisent.

Pourtant, la loi de Goodhart[1] nous apprend que « lorsqu'une mesure devient un objectif, elle cesse d'être une bonne mesure ». Cette loi peut être illustrée par une anecdote, connue sous le nom d'*effet cobra*.

---

1. Loi formulée par l'économiste Charles Goodhart en 1975, au sujet de la politique monétaire anglaise.

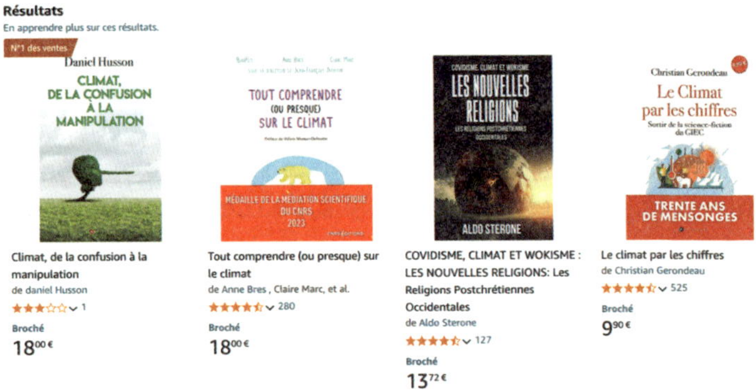

Figure 40. Les quatre premiers résultats mis en avant par Amazon pour la recherche « livre climat » comportent trois ouvrages climatosceptiques. Le consensus scientifique (99,9 % des études publiées) sur l'origine anthropique du réchauffement climatique n'est reflété que par le deuxième résultat. Or la seule distinction de valeur admise entre cet ouvrage, publié aux éditions du CNRS, et le troisième, auto-édité par un bloggeur conspirationniste d'extrême droite, repose sur le nombre de clients satisfaits et confortés par leur contenu. Cette règle du jeu favorise les thèses les plus outrancières, faisant écho aux certitudes d'individus déjà convaincus.

Au XIXe siècle en Inde, les colons britanniques étaient préoccupés par le nombre de cobras sauvages dans la ville de Delhi. Ils promirent donc aux habitants une prime substantielle pour chaque cobra mort qu'ils rapporteraient aux autorités. Ce fut d'abord une réussite : de très nombreux serpents furent tués en échange de la récompense. Mais, après avoir constaté une diminution de la population de reptiles, les autorités notèrent bientôt une recrudescence. Et pour cause : certains habitants avaient eu la bonne idée de se lancer dans l'élevage de cobras, pour recevoir davantage de primes. Aussitôt que le gouvernement s'en rendit compte, il supprima le programme de récompenses, ce qui eut pour effet immédiat d'inciter les éleveurs à relâcher tous les serpents dans la ville, puisqu'ils avaient perdu leur valeur. Au bout du compte, la population de cobras dans Delhi s'était accrue par rapport à l'état d'origine.

Lorsqu'une mesure est érigée en objectif, elle cesse d'être pertinente car l'atteinte de cet objectif incite à l'usage de moyens contre-productifs au sens de la mesure initiale. Il en va de même pour nos likes et tous les indicateurs nous servant à estimer la valeur de nos informations subjectives.

Concrètement, toute IA conçue pour maximiser son influence sur le Web finira par appliquer la stratégie la plus efficace, à savoir jouer le jeu des plateformes et devenir complice de leur quête d'attention. Elle usera de tous les procédés racoleurs et subterfuges reconnus pour susciter inconsciemment l'intérêt des utilisateurs, en moins d'une seconde : accroches polarisantes, insinuations, biais d'ancrage[1], *teasing*[2], *cherry picking*[3]... Par souci de performance, elle présentera ses arguments sous des angles et formats ciblés, adaptés aux spécificités de chaque bulle de filtres – en intégrant les mots-clés, les éléments de langage et les thèmes auxquels ses utilisateurs sont le plus sensibles.

Ainsi, les chat-bots de Pascal, dont l'objectif initial était de combattre la loi de Brandolini et de réduire le délitement de la réalité consensuelle, ne pourront atteindre ce but qu'à la condition d'aller à son encontre. À l'instar de l'effet cobra, ils seront voués à renforcer la fragmentation de l'intelligence collective par le fait même de la combattre.

---

1. Le biais d'ancrage encourage un individu à ne retenir une information que si elle va dans le sens des hypothèses contenues dans ses schémas cognitifs.

2. Le *teasing* est une technique de communication pour capter l'attention du spectateur ou client par une interpellation ou une énigme initiale (par exemple, une phrase mystérieuse ou provocatrice, incitant à lire la suite).

3. Le *cherry picking* est un procédé rhétorique consistant à mettre en avant des faits ou des données qui accréditent notre opinion tout en passant sous silence les faits et données qui la contredisent.

Cette impasse, le décideur en prend conscience au cours d'un samedi pluvieux. Alors qu'il termine, sur le site d'un quotidien sérieux, la lecture d'un article en ligne traitant des principales industries émettrices de gaz à effet de serre, son attention se laisse happer par un encart en bas de page, regroupant des « contenus sponsorisés » par l'entreprise Outbrain – dont la rémunération est indispensable au modèle économique du journal. Parmi les trois contenus qui lui sont recommandés, le premier l'informe de promotions immanquables sur les billets d'avion pour les Philippines[1], avec la photo d'une plage de sable blanc ; un autre dresse le comparatif des SUV et 4 × 4 urbains[2] ; et le troisième lui propose de revivre les meilleurs moments de l'émission de Pascal Praud sur CNews. À cet instant précis, Pascal comprend que sa quête est vaine.

Il souhaitait que la mise en avant d'une information repose sur des critères qualitatifs (sa robustesse scientifique, sa portée, sa qualité d'argumentation, sa largeur de vue, son discernement, son honnêteté intellectuelle ou sa nuance) mais, dès l'instant où il emploie ces outils, il renforce de fait la légitimité de leur modèle, qui réduit la valeur d'une information à son potentiel de rentabilité économique.

Toute contribution, même bien intentionnée, à la guerre des récits orchestrée par ces plateformes ne peut avoir pour conséquence qu'une course à l'armement qui profite, en définitive, à leur modèle économique : tout groupe d'intérêt menacé par la remise en question du statu quo – aussi nécessaire et indiscutable soit-elle – y investira davantage d'argent et de temps, afin d'ensevelir toute conversation intelligente sous un bruit de fond qui lui sera favorable. Au bout du compte, le crédit qu'un

1. Un vol aller-retour Paris-Manille émet 4,5 tonnes de CO_2 par passager.
2. En moyenne, un SUV émet plus de 50 % de CO_2 supplémentaires par rapport à une voiture citadine.

utilisateur accorde à une information étant essentiellement déterminé par le crédit que sa chambre d'écho lui accorde, le filtrage du contenu par les algorithmes perpétuera toujours les certitudes en place, donc le statu quo.

Ce que l'exemple de Pascal nous montre, c'est qu'utiliser une technologie forgée par le système A pour faire émerger les principes d'un système B conduit inévitablement à renforcer le système A. Les algorithmes qui ont forgé le Web consolident le moule dans lequel ils ont été conçus en réduisant l'intelligence à du traitement d'information, et notre pensée individuelle à un processus déterministe seulement dicté par notre intérêt économique à court terme, au détriment du libre arbitre ou de la vérité objective. Cette prophétie naïve et triste, ils la réalisent chaque jour davantage, *par la force des choses* : plus un individu se laisse enclaver dans sa bulle de filtres, plus son champ d'expression se restreint à la défense du système de croyances étriqué dans lequel l'IA l'a confiné. Il en résulte une archipelisation de l'intelligence collective en îlots irréconciliables : nos chaînes de raisonnement sont atomisées sous forme d'idées courtes, manichéennes et sans lien logique, regroupées par affinités.

Au bout du compte, ces générations successives d'IA, que les *big tech* présentent à chaque fois comme un *game changer* – une rupture technologique d'une ampleur telle qu'elle remettrait en question les hégémonies nées d'anciennes règles du jeu –, sont exactement l'inverse : un *game locker,* dont la principale conséquence est de rendre nos modèles et nos règles du jeu indiscutables, en masquant l'intentionnalité des acteurs auxquels ils profitent derrière un jeu de miroirs. Ce faisant, elles découragent peu à peu tout questionnement des décisions qui en résultent, celles-ci passant de fait pour déterministes.

L'IA est donc un verrou systémique particulièrement insidieux en ce qu'elle s'attaque frontalement à notre discernement.

Le jeu de miroirs infini

Une ultime pierre à l'édifice de notre technocosme, qui ne s'interpose plus seulement entre le monde naturel et nous, mais désormais entre chacun d'entre nous : un médiateur incontournable de nos conversations, qui en filtre et en réagence l'information pour nous figer dans nos certitudes... quand nous aurions urgemment besoin du contraire.

Dès lors, en reprenant la définition du chapitre 23, selon laquelle l'intelligence d'un organisme ou d'un système dépend de son aptitude à s'adapter aux fluctuations de son milieu, à prendre des décisions justes en regard de circonstances changeantes, Pascal a toutes les raisons de penser que cette automatisation de notre intelligence collective, tout en accroissant indéniablement nos capacités de calcul et de traitement de l'information, réduit néanmoins l'intelligence disponible.

Après avoir cru qu'en concentrant de plus en plus de ressources et de puissance énergétique dans des technologies de plus en plus sophistiquées, la création de valeur serait automatique, Pascal a compris que ce processus nous faisait en réalité détruire de la valeur à l'échelle systémique, par une dissipation de l'énergie et la désorganisation des écosystèmes. De même aujourd'hui, après avoir cru qu'en concentrant de plus en plus d'informations et de puissance de calcul dans des modèles de plus en plus sophistiqués, la création d'intelligence en découlerait automatiquement, Pascal se met à penser que ce processus aboutit à une destruction d'intelligence, par une dissipation de nos connaissances et la désorganisation de nos structures de raisonnement.

25.

Sortir du jeu d'imitation

En dépit de ces observations, l'IA se propage dans les bureaux des entreprises et des administrations, et Pascal doit répondre aux préoccupations concrètes des managers, cadres, juristes, consultants, designers, développeurs, qui s'inquiètent de son aptitude croissante à se montrer aussi performante qu'eux dans leurs fonctions.

Pascal lui-même a remarqué qu'il sollicitait moins la graphiste avec laquelle il travaille d'habitude pour mettre au point ses plaquettes commerciales, car ChatGPT lui propose généralement des résultats plus professionnels, et même plus *créatifs*. De même que l'IA « chargée de clientèle » du fabricant de lave-linge lui paraissait plus spontanée, plus *humaine* qu'un employé obligé de réciter les réponses écrites sur son arbre de décision, les designs de documents proposés par l'IA lui semblent moins prévisibles, plus *vivants* que les productions de sa collaboratrice, dont l'élan créatif a été canalisé par trois ans d'école et quatre ans d'entreprise, au cours desquels elle a appris les règles implicites de ce qui constitue une « bonne » plaquette commerciale.

Nous avons beau savoir que ces IA ne font que juxtaposer des mots ou des formes qui vont statistiquement bien ensemble, si nous reconnaissons à ce point la qualité de leurs productions, se dit Pascal, c'est parce que nous jouons au même jeu d'imitation qu'elles. Quel être humain, en effet, n'a jamais « fait son ChatGPT » ? Quel élève n'a jamais récité sa leçon par cœur, en interchangeant deux ou trois mots, pour donner l'impression qu'il l'avait comprise et intégrée ? Quel analyste économique n'a jamais assailli son auditoire de formules et de statistiques creuses, pour faire croire à la valeur scientifique de son raisonnement ? Quel manager n'a jamais répété mot pour mot la réplique d'un directeur plus charismatique, pour tenter de gagner en autorité ? Quel consultant ou quel juriste n'ont jamais récité leurs prêt-à-penser dans une novlangue volontairement absconse, pour impressionner par la complexité des concepts qu'ils manipulaient ? Et même en dehors des murs de l'entreprise, quel intellectuel ou philosophe mondain n'a jamais récité une citation de Spinoza ou de Kant accompagnée d'un commentaire vaporeux, pour faire croire à sa profondeur ?

Dans toutes les professions tertiaires, chez tous les décideurs et ceux qu'on appelle parfois les « cols blancs », la réussite économique et sociale d'un individu dépend de son aptitude à satisfaire un ensemble de règles du jeu implicites : un *modèle* de réussite qui n'est écrit nulle part, mais incarné par des « modèles » humains (au sommet de leur profession), auquel l'apprenti doit se conformer pour gravir les échelons du système. Ce jeu d'imitation n'est pas sans rappeler celui théorisé par Turing : de même qu'une IA, l'aspirant consultant, juriste ou manager doit apprendre à s'exprimer et se comporter comme les consultants, juristes et managers plus expérimentés qui l'entourent, jusqu'à ce qu'un regard extérieur ne sache plus faire la distinction.

De fait, duper le jugement des autres est une de nos activités favorites, à la base du marketing, de la publicité, du packaging, du merchandising, des réseaux sociaux, de l'économie de l'attention, du lobbying... et, désormais, de l'intelligence artificielle. Or le fait nouveau, qui pousse légitimement Pascal et tous les cols blancs à craindre cette technologie, c'est qu'elle est déjà meilleure imitatrice que nous.

Il faut dire que nous lui avons grandement facilité la tâche. Bien avant l'apparition des algorithmes, le taylorisme et la division scientifique du travail, corollaires du système A, semblaient déjà transformer nos ancêtres en automates répétant quotidiennement les mêmes gestes et les mêmes raisonnements : en revoyant *Les Temps modernes*, de Charlie Chaplin, on se demande qui de la machine ou de l'humain a le premier imité l'autre. Tôt ou tard, cette standardisation des tâches conduit à leur automatisation : chaque métier devient le rouage d'une mécanique implacable, réduit à une suite de processus et de flux d'information programmés. Lorsque la fonction d'un employé ne consiste plus qu'à suivre un arbre de décision déterministe, ou le schéma d'action prédéfini par son logiciel de gestion, il est d'autant plus facile à remplacer par un algorithme : à jouer sur le terrain des machines, nous ne pouvons que perdre.

Désormais, par une ironie féroce mais savoureuse, les architectes de ce technocosme – les décideurs, les cadres et toutes les professions intellectuelles qui n'auraient jamais existé sans la densification des centres-villes, elle-même permise par la mise à distance des économies primaire et secondaire, du fait de leur automatisation – se voient à leur tour menacés par leur créature.

On pourrait s'étonner que ce séisme soit provoqué par une génération d'IA qui, à bien des égards, brille moins que ses aînées par son intelligence. Une IA générative comme ChatGPT, en effet, joue moins bien aux échecs qu'un algorithme spécialisé, se trompe régulièrement dans ses réponses, dans ses calculs, dans la récitation d'un texte ou d'un fait historique, est bien moins performante à une myriade de tâches «expertes» que des logiciels anciens, dont certains existent depuis plusieurs décennies.

La différence fondamentale, spectaculaire, tient à son apparente maîtrise des formes du langage, une qualité que nous considérions comme l'apanage de notre intelligence. Aucun humain, aussi érudit soit-il, ne peut s'exprimer dans autant de langues et de *registres* de langue différents : en français soutenu, en anglais familier, en Python ou en C++, en partition musicale ou en tablatures, en peinture cubiste ou impressionniste... C'est cette aptitude qui confère à l'IA générative un talent d'imitatrice hors pair : quand on demande à ChatGPT de s'exprimer à la manière d'un consultant, d'un juriste ou d'un manager, sa réponse est impossible à distinguer de celle d'un consultant, d'un juriste ou d'un manager modèles. Et nous qui, par le langage, exprimons toujours une pensée avons toutes les peines du monde à concevoir que l'un puisse se passer de l'autre.

Alors, nous projetons notre esprit sur la machine qui nous parle, c'est plus fort que nous. Puis quand, dans un élan de discernement, nous mettons son intelligence en doute, ce miroir tendu nous retourne aussitôt la question : notre production de langage, à nous aussi, n'est-elle pas le fruit d'un jeu d'imitation ? Ne juxtaposons-nous pas, plus souvent que nous ne voudrions l'admettre, des mots qui sonnent bien ensemble avec assurance, parce que nous les avons entendus dans la bouche d'autres gens qui avaient l'air sûrs de ce qu'ils avançaient ? Nous sommes ainsi comme des imposteurs qui verraient débarquer un concurrent, meilleur bonimenteur et plus convaincant, dont ils ne peuvent dévoiler l'imposture qu'en admettant d'abord la leur.

Face à cette mise au défi, deux réactions sont possibles.

La première consiste à vouloir conserver le sentiment de notre grande intelligence, ce qui nous amène de fait à valoriser ce miroir, à lui prêter un esprit, une intériorité qu'il n'a pas. Nous accueillons le nouveau venu comme l'un des nôtres, essayons d'en faire un allié, un complice, et de se partager les gains de nos duperies respectives. C'est le choix qui prédomine actuellement. Notre culte de la modernité, qui nous a tant incités à ridiculiser ou à infantiliser les systèmes de croyance animistes – qualifiés d'archaïques – en ce qu'ils prêtaient une âme au feu, aux mers ou aux volcans, nous persuade à présent d'en prêter une à des machines, programmées pour nous dire ce que nous avons statistiquement le plus envie d'entendre. Au comble du narcissisme et de la solitude, nous entrons en relation avec un reflet de nous-mêmes et nous nous sentons profondément bouleversés par cette rencontre[1].

La seconde réaction possible consiste à accepter le défi que nous lance ce miroir et à tirer les leçons de ce qu'il nous révèle : puisque l'IA est à jamais meilleure que nous au jeu d'imitation sur lequel reposent notre réussite, notre valeur et notre récit du monde, nous n'avons plus qu'à changer de jeu, en concevoir un nouveau, auquel elle ne pourra pas nous battre. Il nous faut partir du principe que cette technologie non seulement ne nous sauvera pas de nous-mêmes, mais qu'elle nous enfermera toujours davantage dans un jeu de reflets infini d'une version *obsolète* de nous-mêmes : elle imitera des humains, qui imitent des machines, qui imitent des humains... L'intelligence « modèle » au sens du système A se réplique ainsi continuellement : celle d'un décideur occidental, entre 1970 et 2020. Un paradigme globalisé – une certaine manière de faire sens du monde, de se le représenter, de le raconter, de le réduire en modèles et en équations –, qui a sédimenté au gré des vagues technologiques, jusqu'à se figer dans sa version définitive. Dorénavant,

1. Parmi de nombreux exemples, on citera celui de Blake Lemoine en 2022 : cet ingénieur de Google – et pasteur se présentant comme « mystique chrétien » – avait alerté la presse après une « conversation » avec un chat-bot de l'entreprise, persuadé que celui-ci avait développé une conscience et des émotions.

la « réussite » consiste à reproduire et imiter cette intelligence-là : un jeu auquel la machine nous battra toujours. Raison de plus pour cesser d'y jouer.

Certains, pourtant, y verront un prétexte pour s'obstiner. Des cols blancs et des décideurs déboussolés redoubleront d'efforts pour ne pas se faire ringardiser par l'IA, se laisseront implanter une puce dans le cerveau dans l'espoir de pouvoir rivaliser, quelques années encore, avec leur reflet. La convergence entre humains et machines, déjà très largement à l'œuvre, continuera de s'accentuer : plus l'IA paraîtra humaine et naturelle, plus ces gens s'appliqueront à prendre des décisions machinales et prédictibles.

Bientôt, comble de l'absurde, seuls les algorithmes seront capables de discerner une production d'origine humaine : ils feront passer le test de Turing à tous les contenus sur lesquels s'effectuera leur apprentissage – romans, scénarios, articles de presse, vidéos, présentations PowerPoint, codes de logiciels, plaquettes commerciales –, de sorte à éviter de réingérer leurs propres œuvres. Ce retournement nous posera la question, que nous serions bien inspirés de nous poser dès à présent : qu'est-ce que notre intelligence peut produire de singulier que nos miroirs algorithmiques ne peuvent pas refléter ?

Paradoxalement, cette inversion des rôles pourrait se révéler salutaire. Conscients de devoir démontrer que nos œuvres et nos idées sont d'origine naturelle, biologique, nous nous interdirions dès lors de nous conformer de trop près à un modèle, de « faire notre ChatGPT », sous peine d'être catalogués comme des algorithmes. Nous tâcherions de n'utiliser que des mots, des suites d'arguments et des registres de langage qui soient le fruit d'une pensée, d'une intériorité, d'un regard singulier sur le monde.

À ce jeu-là, la version de Bianca aurait plus de valeur à nos yeux que celle d'Arthur : au lieu de créer une infinité de récits à partir des mêmes recettes, elle nous aiderait à nous affranchir des règles empiriques de la dramaturgie pour aller plus loin dans la création. De même, l'algorithme de Pascal, visant à combattre la loi de Brandolini et nous incitant à douter de nos opinions, serait un *must have*. L'IA symbiotique deviendrait la norme et, bien sûr, nous ne la nommerions plus jamais « intelligence artificielle », puisque nous serions affranchis du jeu de miroirs infini dont ce terme était le symptôme. Quel que soit leur nom, ces systèmes auraient pour objectif de nous aider à prendre des décisions éclairées, plutôt que de les prendre à notre place. Ils nous inciteraient à exercer notre libre arbitre, notre discernement, notre aptitude à évaluer la pertinence, la robustesse scientifique ou l'honnêteté intellectuelle d'une information.

Nous renouerions avec des parts oubliées de notre intelligence, dont nous croyions qu'elles étaient inutiles, faute de les voir se refléter dans le miroir de nos modèles. De même, nous considérerions sous un angle nouveau l'intelligence d'autres formes de vie, dont nous pensions qu'elles n'avaient rien à nous apprendre[1] au prétexte qu'elles ne parlent pas notre langage et ne font aucun effort pour que nous nous identifiions à elles. Nous reconnaîtrions une forme d'intelligence systémique – qui, de toute évidence, nous fait défaut – dans la capacité des écosystèmes à se maintenir, sur des millions, voire des milliards d'années, en dépit de conditions extrêmement fluctuantes et tout en participant à l'homéostasie du système Terre. Nous découvririons que cette biodiversité des intelligences est nécessaire et salutaire.

Ainsi libérés des jeux de miroirs, les humains cesseraient de s'identifier aux machines. La graphiste et le chargé de clientèle renoueraient avec leur créativité, leur conversation naturelles. L'économiste admettrait que ses formules et statistiques ne

1. Pour se convaincre du contraire, lire *Toutes les intelligences du monde*, de James Bridle, Seuil, coll. « La couleur des idées », 2023.

suffisent pas à faire de sa discipline une science exacte ; le consultant s'exprimerait en termes clairs et sans anglicismes ; le philosophe mondain tiendrait tout un dîner sans avoir recours à la moindre citation... et tous iraient jusqu'à reconnaître leur imposture, leurs doutes, leur incertitude quant à l'avenir. Parfois même, on les entendrait dire : « Je ne sais pas. »

Nous serions des milliers, des millions d'imitateurs à retrouver le plaisir de penser par nous-mêmes. Alors, oui, nous pourrions dire que l'IA était un progrès.

Prométhée, la dernière chance

Prométhée, nostalgique, se remémore les premiers hommes, à qui il offrit autrefois la technique et la connaissance. À cette époque, ils priaient les éléments naturels, représentés par des dieux et des esprits – ceux du vent, des océans, du soleil ou de la pluie. Ils les imploraient de rendre le monde habitable et luxuriant, les arbres, les plantes et leurs fruits abondants, l'air et l'eau purs, les saisons stables, le temps clément...

Alors, quand Prométhée leur offrit le feu, ils prêtèrent spontanément un esprit aux flammes qui dansaient devant eux. Sans qu'on y fît attention, une réaction en chaîne se mit en place dont même le Titan, qui prévoyait pourtant tout, avait négligé les conséquences. Dans l'esprit des hommes, le dieu de la technique était né.

Contrairement aux autres, qui ne répondaient jamais visiblement aux prières, ce dieu-ci offrait des réponses et des résultats tangibles. Au cours des siècles suivants, des milliers d'outils et d'inventions vinrent rendre le monde de plus en plus habitable et abondant. Chaque fois, les humains s'émerveillaient de ce prodige et s'écriaient : « Vive le progrès ! »

Et Prométhée savait qu'à travers le dieu de la technique, c'est un peu lui qu'on encensait.

Attendri par les superstitions des humains, qu'il croyait inoffensives, le Titan fit alors le serment de ne jamais laisser une seule demande de ses protégés sans réponse : quel que soit leur problème, il y aurait toujours, parmi les connaissances et les technologies qu'il leur avait offertes, de quoi le résoudre. Quel que soit leur souhait, le dieu de la technique l'exaucerait.

Avec le temps, naturellement, toutes les religions finirent par tomber en désuétude, faute de miracles tangibles et de promesses tenues. La croyance en la technologie, en revanche, n'en finissait plus de porter ses fruits, de confirmer son inépuisable efficacité.

Si bien que Prométhée fut pris au piège de son serment : exaucer tous les vœux des humains, il s'en rendit bientôt compte, ne pouvait que mal finir. Il regretta de n'avoir fixé aucune limite – comment avait-il pu commettre une telle erreur ?

Insouciants, les humains continuaient d'inventer de nouvelles solutions, qui généraient de nouveaux problèmes, qui donnaient lieu à de nouvelles solutions, et ainsi de suite... Cette boucle était devenue leur activité principale, qu'ils prenaient très au sérieux et mesuraient par des indicateurs chiffrés. Le nombre de besoins auxquels le dieu de la technique devait répondre augmentait chaque jour – et Prométhée priait, à son tour, pour qu'ils prissent conscience à temps du danger que cette fuite en avant représentait.

Puisqu'il ne pouvait ni rompre son serment, ni entrer en contact avec ses protégés, le Titan décida d'employer la ruse, en transmettant des messages aux humains à travers la technologie qu'il leur permettait d'inventer. Par exemple, quand il leur offrit le feu nucléaire – le plus puissant des feux concevables –, c'était pour leur ouvrir les yeux sur ce qu'était une réaction en chaîne et sur la nécessité de l'interrompre avant qu'il ne soit trop tard.

Mais aucun de ses messages ne fut vraiment compris. Et les solutions techniques, peu à peu, recouvrirent toute la surface de la Terre, se disséminèrent partout en poussière, dans la pluie, l'air et les mers… Et quand une poignée d'humains s'alertèrent de ce que le monde risquait de devenir moins habitable et luxuriant – les arbres, les plantes et leurs fruits seraient moins abondants, l'air et l'eau moins purs, les saisons moins stables, le temps moins clément –, leur réaction immédiate fut encore de prier le dieu de la technique de leur fournir de nouvelles solutions.

Le cercle vicieux se poursuivit jusqu'à ce que Prométhée, dans un ultime élan, offrît à l'humanité son fantasme : une intelligence purement technique, incarnation du dieu qu'elle priait depuis si longtemps. Très vite, ses protégés prêtèrent à cet automate un esprit, discutèrent avec lui et le prièrent de trouver des solutions à leur place. Or, par cette technologie, Prométhée espérait enfin transmettre son message, en profitant de la confiance aveugle que les humains vouaient aux choses.

Comme il l'avait prévu, ces derniers furent persuadés qu'ils tenaient là leur *solution* décisive, la plus parfaite matérialisation du pouvoir de la technique. Alors ils chargèrent les meilleurs experts de formuler *la* demande à laquelle cette intelligence devrait répondre pour guérir tous les maux affligeant l'espèce humaine.

Comme il l'avait prévu, cette requête ressemblait à s'y méprendre à celle que leurs ancêtres adressaient aux dieux du vent, des océans, du soleil et de la pluie : ils imploraient cet esprit artificiel de rendre le monde habitable et luxuriant, les arbres, les plantes et leurs fruits abondants, l'air et l'eau purs, les saisons stables, le temps clément...

Comme il l'avait prévu, l'automate leur répondit par une simple phrase : « Il n'existe aucune solution technique à cette demande. » Par cette formulation paradoxale, Prométhée s'assurait de ne pas rompre son serment : le dieu de la technique conseillait simplement aux humains de ne plus croire en lui, de ne plus compter sur lui pour combler leur moindre souhait – car c'était là le cœur du problème. S'ils écoutaient ce conseil, la technique aurait bel et bien exaucé leur dernier vœu. S'ils ne l'écoutaient pas, la réaction en chaîne se poursuivrait, jusqu'à son terme.

– V –

SYSTÈME D’ATTERRISSAGE

«Que la force me soit donnée de supporter ce qui ne peut être changé et le courage de changer ce qui peut l'être, mais aussi la sagesse de distinguer l'un de l'autre.»

Marc Aurèle

26.

Déverrouiller le progrès

Pascal a besoin d'une longue promenade, pour digérer toutes ces informations. De la City londonienne à La Défense, de Manhattan à Singapour, de Shenzhen à San Francisco, le décideur aux mille visages déambule dans les quartiers d'affaires, au pied des tours de verre, sans pouvoir s'empêcher de penser que leur design « futuriste » témoigne d'un « futur » révolu, vestige d'une représentation du monde obsolète. Dans les rues bondées, il croise des centaines, des milliers d'autres décideurs et se demande : combien d'entre eux souscrivent encore à ce récit du progrès ? Font-ils semblant d'y croire, conscients de n'avoir – comme lui – aucune prise sur le cours des choses ?

En effet, dès l'instant où Pascal a opté pour l'atterrissage et le discernement technologique, il a fait ce constat, implacable : ni lui ni aucun décideur ne décident de la trajectoire du progrès.

À quand remonte cette perte de maîtrise universelle, cette crise de la décision ? Pascal l'ignore, mais il a l'intuition que cela s'est produit il y a bien longtemps, sans nous poser de problème assez grave, dans l'immédiat, pour que nous nous en rendions compte. Du reste, lui-même a toujours pris ses décisions de façon déterministe, en extrapolant les tendances passées afin d'investir en conséquence sur le futur le plus probable. Il a donc activement contribué à cette réaction en chaîne, cette boucle de rétroaction positive que tout le monde nommait « progrès » sans trop réfléchir à sa destination, encore moins à ses limites. L'époque appartenait aux fonceurs, aux capital-risqueurs et aux pionniers : à ceux qui, les premiers, transposaient un modèle éprouvé d'une entreprise, d'un secteur, d'un continent à l'autre ; ou qui se ruaient sur la prochaine rupture technologique, se plaçant au sommet de la pyramide de Ponzi qu'elle allait faire naître.

Désormais, cinquante ans après le rapport Meadows et l'invention du microprocesseur, nous savons que cette réaction en chaîne du progrès technique, qui n'est plus décidée que par sa propre inertie, affronte une réaction en chaîne opposée : celle de l'anthropocène, une réponse homéostatique du système Terre à la première. Et, pour les décideurs, la conséquence est qu'il n'existe plus *un* mais *deux* futurs inéluctables, profondément irréconciliables, promettant l'un comme l'autre une remise en question radicale du monde tel que nous le connaissons. D'un côté, les techno-prophètes annoncent que l'intelligence artificielle et les NBIC provoqueront une révolution cognitive aussi majeure à l'échelle de l'Histoire que le fut l'invention de l'écriture, il y a 5 000 ans. De l'autre, le consensus scientifique indique que les enfants qui naîtront cette année connaîtront, à 75 ans, des niveaux de température moyenne inédits sur Terre, au moins depuis le Pléistocène il y a 100 000 ans – soit bien avant l'apparition de l'agriculture et de l'élevage (*Figure 41*) ; tandis que l'érosion actuelle de la biodiversité est comparable, en ampleur, à la dernière extinction de masse, qui s'est produite il y a 65 millions d'années[1].

1. Dans les deux cas (réchauffement climatique et extinction de masse), jamais à notre connaissance le phénomène ne s'est produit aussi brusquement, sur une durée aussi courte.

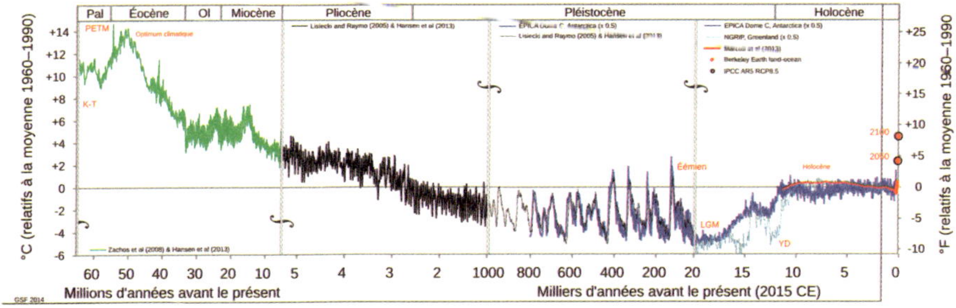

Figure 41. Température globale moyenne au cours des 65 derniers millions d'années. Un réchauffement de +3,1 °C, comme envisagé en 2100 par l'Emissions Gap Report 2024 des Nations unies, nous renvoie au pic du Pléistocène (il y a 100 000 ans). Pour observer durablement une température moyenne équivalente sur Terre, il faut remonter au début du Pliocène (il y a 3 à 5 millions d'années).

Face à ces ruptures brutales, et à la promesse d'un avenir inconcevable – puisque sans comparaison dans l'Histoire humaine –, il serait fou de persister à miser sur la réaction en chaîne par laquelle tout a commencé ; de continuer de laisser le champ libre aux fonceurs, aux capital-risqueurs, aux pionniers ; de reproduire à l'infini les mêmes modèles, conçus pour un monde révolu. C'est pourtant ce que nous nous obstinons à faire, se dit Pascal, du lundi matin au vendredi soir, d'un bout à l'autre du globe.

Le problème vient de ce que jamais, depuis plusieurs générations, aucun décideur n'a connu d'autre jeu que celui-là, d'autre « rationalité » que celle du système A. Comment fait-on pour en sortir ? Comment fait-on pour en parler – sans qu'un algorithme filtre ou déforme cette conversation ?

Sortant des quartiers d'affaires, Pascal se promène à travers les zones résidentielles, les parcs et les centres commerciaux. Il y croise à nouveau des centaines, des milliers de gens.

Des citoyens, des internautes, des consommateurs : des *décideurs*, eux aussi, dont les achats, le vote, les choix et les flux d'actualité sont tout autant verrouillés par l'inertie de notre technosphère. Pourtant, l'immense majorité – sinon la totalité – d'entre eux ont tout à perdre à ce déterminisme, à ce que cette fuite en avant se poursuive. Alors, comment expliquer que beaucoup se laissent encore berner par les discours confus des techno-évangélistes, qui nous assurent que l'humanité garde la maîtrise de son destin mais qui, dès lors qu'on questionne la pertinence et la désirabilité du destin en question, le présentent aussitôt comme inéluctable ?

La réponse à cette question, comme aux précédentes, tient aux verrous systémiques. Pascal les connaît bien désormais, et il comprend la diversité des moyens par lesquels ces verrous bloquent nos décisions. Il y a ceux qui touchent à nos principes de design – effet rebond, dépendance au sentier, biais technosolutionniste –, à cause desquels les solutions que nous inventons finissent par déplacer ou aggraver le problème qu'elles étaient censées résoudre. Il y a ceux qui touchent à nos modèles économiques – dilemme du prisonnier, jeu spéculatif, déterminisme technologique –, à cause desquels nos décisions sont dictées par la fameuse « rationalité » du système A. Et il y a ceux qui touchent à notre représentation du monde – illusionnisme technologique, technocosme, intelligence artificielle –, à cause desquels nous sommes incapables de faire sens de la réalité, de nous accorder sur les faits objectifs et d'en tirer des conséquences communes (*Figure 42*).

Pascal sait qu'il existe une relation d'interdépendance entre ces différentes couches de verrous. Par exemple, il est possible de concevoir une technologie afin qu'elle évite l'effet rebond, mais ce design ne deviendra jamais un standard à cause du dilemme du prisonnier et du déterminisme technologique, qui

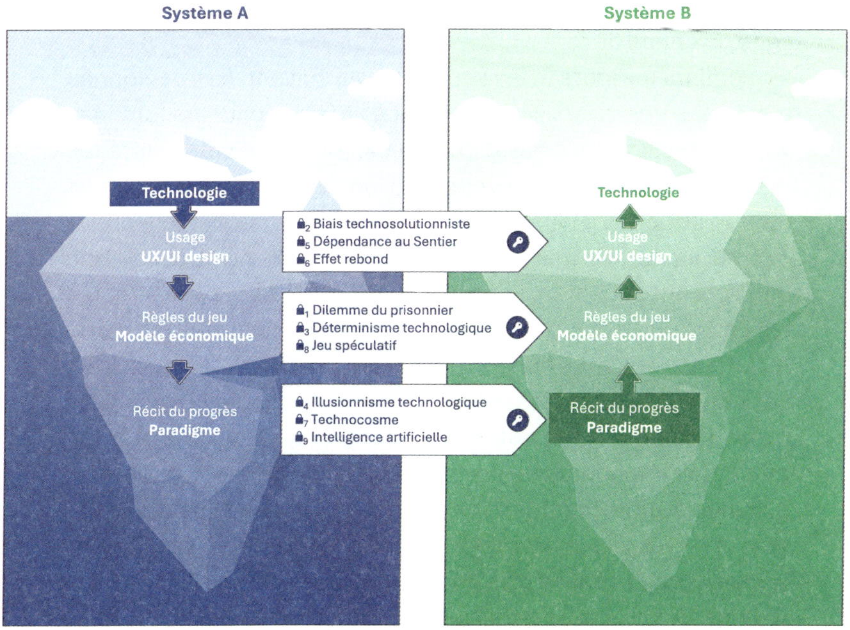

Figure 42. Verrous systémiques bloquant, à tous les niveaux, l'émergence d'un système B.

favoriseront le design le plus rentable au regard de nos règles du jeu. De même, comme nous le verrons au chapitre 28, il n'est possible de sortir de ce dilemme du prisonnier qu'à la condition de former des coalitions, ce qui est inconcevable tant que l'illusionnisme technologique ou l'IA nous empêchent de nous aligner sur une réalité consensuelle. Pour déverrouiller le progrès, il faut donc offrir une issue à ces 9 verrous systémiques, simultanément.

De quelle manière ? Pascal n'en a pas la moindre idée. Mais notre décideur aux mille visages a l'avantage de connaître des milliers d'autres décisionnaires, citoyens, internautes ou consommateurs. Alors, interrompant sa promenade, il s'assoit à la terrasse d'un café, ouvre son répertoire et passe une longue série de coups de fil.

Pendant les jours et les semaines qui suivent, des personnes aux profils très divers se succèdent à sa table, pour discuter des verrous systémiques autour d'une bière ou d'un café. Certains, bien sûr, ont refusé son invitation : trop débordés, trop cyniques ou trop attachés à l'insouciance docile que leur offre le technocosme, ils ne voient aucun intérêt à cette conversation. Mais la plupart l'ont acceptée, avec plaisir. Il y a là tous les âges, toutes les catégories socioprofessionnelles, tous les bords politiques. À certains, Pascal commence par exposer longuement le fruit de ses réflexions, listant les verrous, racontant la fable des aveugles et de l'éléphant... D'autres, au contraire, sont déjà très au courant et impatients de lui dire ce qu'ils en pensent. Il lui arrive d'inviter en même temps deux personnes aux points de vue opposés, et de les laisser débattre. À sa grande surprise, les terrains de consensus sont vastes et nombreux ; il suffit que chacun se déleste de quelques certitudes, héritées de sa bulle de filtres ou dictées par ses présumés intérêts à court terme, pour que le brouillard se dissipe et qu'une réalité consensuelle transparaisse, leur rappelant leur communauté de destin.

Un jour, par exemple, il invite deux de ses connaissances qui ne cessent de s'écharper sur LinkedIn. L'un est partisan d'une approche pragmatique, consistant à « faire feu de tout bois » pour répondre à l'urgence climatique : accélérer le déploiement du nucléaire, des mégaparcs éoliens et solaires ; électrifier tous nos moyens de transport ; chercher partout des gains d'efficience énergétique, optimiser tous les flux ; instaurer des crédits carbone et biodiversité pour que les entreprises les plus « propres » puissent monétiser leur réduction d'empreinte ; attribuer un prix aux services écosystémiques pour en tenir compte dans la comptabilité des entreprises, etc. L'autre défend une approche plus systémique et considère que ces solutions vont aggraver le

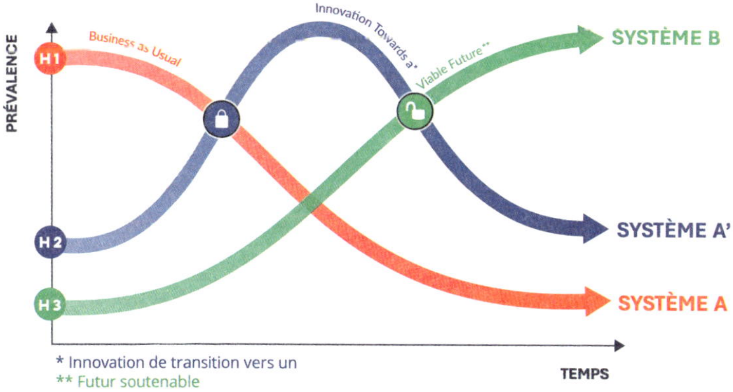

Figure 43. Le système A' perpétue les verrous du système A et n'a donc de valeur qu'à la condition d'être un système de transition, permettant l'émergence d'un système B, affranchi des verrous systémiques.

problème qu'elles sont censées résoudre, tout en corroborant le système qui en est à l'origine.

En ligne, tous deux s'envoient constamment des messages et commentaires au vitriol, se traitent respectivement d'effondriste et de capitaliste vert, s'accusent mutuellement de « faire le jeu de l'extrême droite ». Pascal est donc surpris, au bout d'une heure de conversation, de les voir reconnaître que leurs deux approches sont, en définitive, nécessaires. Il se souvient alors du modèle des trois horizons (*Figure 43*) : le *pragmatisme* du système A' permet de gagner du temps et de gérer l'urgence des dégâts causés par le système A, mais va inexorablement nous y verrouiller davantage – par effet rebond, dépendance au sentier, etc. –, si aucune alternative *systémique* n'émerge en parallèle, affranchie de ces verrous. Autour de la table, tout le monde acquiesce et partage ce constat.

Après des centaines, des milliers de conversations comme celle-ci, Pascal acquiert la certitude que *déverrouiller le progrès* est une cause consensuelle, voire universelle, à laquelle toute personne raisonnable ne peut que souscrire, dans la mesure où il s'agit de combattre le déterminisme et d'avoir une prise sur notre destin commun. Même des techno-optimistes convaincus le lui confessent : ils préféreraient qu'un système B soit sur la table, afin que l'accélération technologique soit un *choix*, une *décision* délibérée, plutôt qu'un destin par défaut – et pour bénéficier d'une stratégie de repli, si le système A se révélait moins robuste qu'ils ne le pensent.

Tout au long de ces échanges, Pascal comprend qu'il n'est pas le décideur isolé, impuissant, qu'il pensait être : il est potentiellement des millions.

Ainsi, chaque soir en rentrant chez lui, il parcourt les pages de notes prises au cours de ces entretiens, les enregistrements sur son dictaphone, les schémas gribouillés sur un coin de table avec ses interlocuteurs ; et liste les principes de base – incontestables, du moins pour tout décideur rationnel – pouvant permettre de déverrouiller le progrès : son récit sous-jacent (chapitre 27), ses règles du jeu et modèles économiques (chapitre 28) et, enfin, ses principes de design (chapitre 29).

27.

Faire atterrir notre récit du progrès

Le premier étage à déverrouiller est celui de notre récit du progrès (*Figure 44*), figé pour corroborer les axiomes du système A, pourtant largement invalidés par nos connaissances scientifiques. En cause, le pouvoir qu'ont nos technologies de filtrer, déformer, biaiser nos représentations du monde. D'abord, à travers des tours d'illusionnisme technologique (conduisant à nous faire surévaluer les bienfaits de la technique et invisibiliser ses méfaits), puis par la construction de milieux artificiels et de bulles d'abstraction de la réalité naturelle (technocosme), enfin par la médiation de nos conversations et l'automatisation de l'intelligence collective (IA), provoquant un délitement de la réalité consensuelle et de notre aptitude à faire sens du monde.

A. Sortir de l'illusionnisme technologique

Tout part d'un premier verrou : l'illusionnisme technologique. Au chapitre 16, Pascal a compris qu'il s'agissait de la clé de voûte du système A : si nous pouvons encore nous convaincre

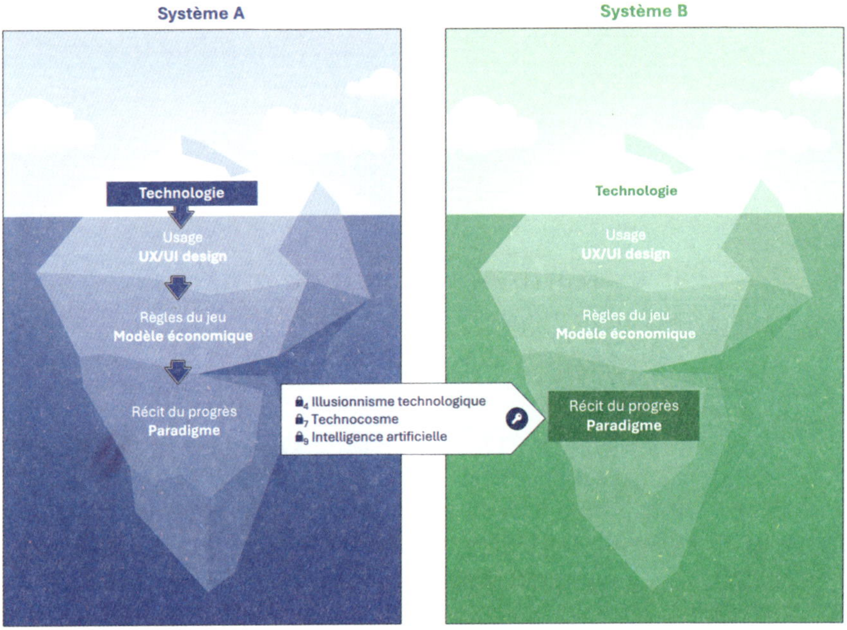

Figure 44. Les trois verrous systémiques à faire sauter pour faire atterrir notre récit du progrès.

d'accélérer l'artificialisation du monde, c'est uniquement parce que nous croyons que cette fuite en avant pourra nous mettre à l'abri des désordres irrémédiables qu'elle-même aura engendrés. Tout contre-récit du progrès commence donc par refuser cette illusion, en partant du principe que cette course de vitesse est ingagnable et que la réaction en chaîne de l'anthropocène aura tôt ou tard le dernier mot sur celle de l'accélération technologique – ne serait-ce que parce que la technosphère est un sous-ensemble du système Terre et ne peut s'en abstraire.

Ce principe peut paraître abstrait, ou purement théorique, mais il a des conséquences tangibles sur le sens du progrès technique : dès lors, on considère qu'il vaut mieux tenir compte des signaux que la réalité naturelle nous envoie, plutôt que de dilapider des quantités inouïes de matières premières et d'énergie pour ne plus les percevoir, en épaississant le technocosme.

Dès lors, le progrès ne consiste plus à se projeter vers un futur fantasmagorique, pour se convaincre de le faire advenir, mais à admettre que l'avenir qui se projette vers nous est indésirable afin de tout mettre en œuvre pour qu'il n'advienne pas. Cette approche, plus sage et réaliste, est une révolution potentielle dans la façon dont nous allouons notre intelligence, davantage en accord avec la définition du chapitre 23 : la technologie n'a plus pour finalité primordiale d'adapter le monde à nous, mais de nous permettre de nous adapter aux fluctuations du monde à venir. Ce changement de paradigme place, de fait, la question du discernement technologique au sommet de nos priorités : pour prendre l'exemple du carbone, fabriquer un aspirateur de CO_2 géant n'est pas un progrès tant qu'on ne s'est pas assuré, dans le même temps, que soient démantelées les technologies émettrices de CO_2 – faute de quoi nous serions d'autant plus tentés de les utiliser que notre aspirateur nous permettrait de croire qu'elles ne sont plus un problème.

Tourner le dos à l'illusionnisme technologique, en somme, est un acte fondateur, par lequel nous reconnectons notre représentation du monde au monde lui-même, à l'aune de nos connaissances scientifiques. Cet acte rétablit la hiérarchie, la relation d'antécédence entre la réalité naturelle et nos modèles, entre la réalité selon Jean Jouzel et celle selon Patrick Pouyanné.

B. S'adapter à un nouveau jeu de contraintes

Depuis les Lumières, notre conception du progrès demeure indissociable des idéaux humanistes. Pascal a compris que ces derniers, en dépit de leurs qualités, avaient pour faille majeure leur anthropocentrisme : nos milieux naturels y sont vus comme un puits de ressources ou, au mieux, comme un décor où se ressourcer. Alors, au XXIe siècle, faudrait-il y renoncer ?

Bruno Latour présente l'humanité comme prise en tenaille entre les monstres du passé – de l'obscurantisme du Moyen Âge aux atrocités et aux totalitarismes du XXe siècle – et ceux de l'avenir – catastrophes naturelles, pénuries, dictature technologique... L'Histoire nous rappelle que l'humain est capable du pire lorsqu'il se départ de ses idéaux, et la noirceur de ce souvenir nous pousse à nous précipiter vers le futur et la modernité. Or l'avenir érige un mur infranchissable, qui barre l'horizon : l'anthropocène exige que nous payions l'addition, toutes ces dettes que notre fuite en avant effrénée nous a fait contracter auprès de la nature. Faute de savoir comment réagir, nous continuons d'accélérer, convaincus que le progrès technique nous protège de nos fantômes, et parce que l'horreur que nous fuyons reste à ce jour plus tangible, plus vive dans notre chair et notre mémoire que celle vers laquelle nous courons.

Mais, ironiquement, ce déni, ce relativisme à l'égard de l'avenir, fait ressurgir les démons du passé : l'obscurantisme prend la forme de nouveaux foyers d'ignorance et de nihilisme, de nouvelles chasses aux sorcières et guerres de chapelles, tandis que le totalitarisme redevient attractif à mesure que le droit, la connaissance ou la démocratie perdent leur rayonnement universel.

Profitant de cette confusion, des populistes du monde entier tentent de nous convaincre que les idéaux humanistes nous contraignent, nous ralentissent, nous empêchent de repousser les limites de notre toute-puissance technologique. Aux États-Unis comme en Europe, des hommes d'affaires libertariens, ayant fait fortune grâce à la technologie, s'allient à des politiciens d'extrême droite qui partagent leur projet de supprimer toute friction pouvant entraver l'accélération du « progrès », à commencer par les idéaux qui en étaient indissociables. Un scénario dans

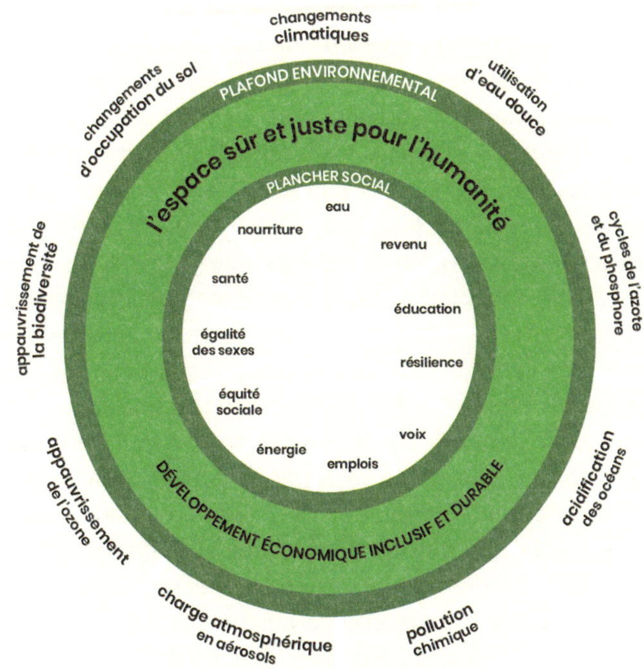

Figure 45. Représentation de l'économie du donut selon Kate Raworth, figurant un espace sûr et juste pour l'humanité entre deux frontières à ne pas franchir. L'une, sociale, en deçà de laquelle des privations humaines critiques ont lieu. L'autre, environnementale, au-delà de laquelle des seuils naturels critiques sont dépassés.

lequel l'individu, *seul contre tous*, parviendrait toujours à s'affranchir des contraintes qui s'imposent à lui.

Sans illusionnisme technologique, bien sûr, ce récit devient absurde et intenable.

Un contre-récit réaliste, libéré de ce verrou, prônerait au contraire une extension de notre jeu de contraintes, à l'aune de nos connaissances scientifiques. Il s'agirait non seulement de sauver nos garde-fous humanistes, mais de leur adjoindre un nouveau cadre, lié à la capacité de charge du système Terre : frontières planétaires, cycles biogéochimiques, finitude des ressources, rythme et équilibre des écosystèmes et des organismes vivants... En langage systémique, il s'agirait de voir ces contraintes – humaines et naturelles – non plus comme des obstacles à surmonter, mais comme des boucles de rétroaction négative nécessaires pour contenir la fuite en avant.

De même que l'idéal humaniste maintient à distance les monstres du passé, cet idéal terrestre nous tiendrait à distance de ceux de l'avenir.

Ce jeu de contraintes élargi peut être représenté sous la forme d'un donut (*Figure 45*) conçu par l'économiste Kate Raworth. Il figure à la fois un plancher social, constitué par 12 des objectifs de développement durable de l'ONU, et un plafond environnemental, représenté par les 9 frontières planétaires évoquées au chapitre 2. La pertinence de ces critères peut être discutée, mais c'est surtout la logique sous-jacente qui intéresse Pascal : le progrès ne consiste plus en une réaction en chaîne à l'infini, mais au contraire en une recherche d'équilibre, analogue à celle du discernement technologique.

C. Poursuivre des objectifs qualitatifs

Dans un monde contraint et limité, aux ressources naturelles finies, le progrès ne peut pas exclusivement dépendre de la croissance d'indicateurs quantitatifs, pour la simple et bonne raison que, dans ce paradigme réaliste, toute mesure doit tôt ou tard s'arrêter de croître : les courbes exponentielles du chapitre 3 finissent par former un plateau et deviennent des courbes logistiques. Il nous faut donc sortir du joug du tout-calculable, pour poursuivre en outre des objectifs qualitatifs, qui continuent de pouvoir s'améliorer quand les indicateurs quantitatifs plafonnent.

Comme le résume la conceptrice du donut, Kate Raworth : « Nous avons une économie qui a besoin de croître, que cela nous fasse nous épanouir ou non ; nous avons besoin d'une économie qui nous fasse nous épanouir, qu'elle croisse ou non. »

Tout contre-récit du progrès intègre donc nécessairement la poursuite d'objectifs non quantifiables et non mesurables. Une excellente nouvelle pour l'intelligence humaine, car notre réduction du monde en modèles et en équations nourrit son automatisation débridée, qui aboutit aujourd'hui à ce que l'IA nous paraisse « supérieure », en ce qu'elle calcule plus vite que nous la réponse à de présumés problèmes d'optimisation.

En poursuivant des buts qualitatifs, nous nous forçons à recourir à la conversation et à la délibération. Nous nous obligeons à expliciter le sens que nous accordons à ces objectifs, notre cadrage des problèmes sous-jacents. Le degré d'accomplissement d'un individu ou d'une société, par exemple, ne peut être *calculé* par un algorithme – ou alors, cela signifie qu'au préalable des humains se sont mis d'accord sur ce que signifiait à leurs yeux l'accomplissement d'un individu ou d'une société, puis ont souhaité donner l'illusion qu'il en existait une mesure objective.

En somme, les objectifs qualitatifs nous poussent à reconnaître l'existence de ce qui n'est pas modélisable. Pascal peut dès lors convaincre un économiste ou un techno-évangéliste que leurs projets détruisent de la *valeur* ou de l'*intelligence*, sans que ces notions soient réduites à leur seule part mesurable.

D. Inverser la charge de la preuve

En réalité, dès lors que Pascal refuse l'illusionnisme technologique et regarde en face la réalité du système Terre, telle que nos connaissances scientifiques nous la présentent, il en vient à se demander : pourquoi serait-ce à lui de convaincre ?

Six des neuf frontières planétaires sont largement dépassées ; une septième le sera très prochainement ; les écosystèmes, les organismes vivants, les sociétés humaines et le système économique global sont en burn-out ou sous tension permanente. Ne serait-il pas grand temps d'inverser la charge de la preuve ?

Nous pourrions exiger que l'économiste orthodoxe nous démontre que son système fonctionne, que raser une forêt pour en forer le sous-sol aboutit à une création nette de valeur à l'échelle systémique – déduction faite du coût des innombrables pollutions engendrées –, et qu'il est plus rationnel d'investir des milliards sur la terraformation d'une planète hostile que sur la conception d'un système économique tenant compte des limites et de la capacité de charge de celle que nous habitons.

Nous pourrions exiger que le techno-évangéliste nous prouve que son avatar virtuel ayant ingéré toutes ses informations personnelles a acquis le même degré de réalité que lui, que les algorithmes déployés au cours des dernières décennies ont fait croître l'intelligence des sociétés humaines – déduction faite de leurs effets délétères –, et qu'il est plus rationnel d'espérer pulvériser des gaz dans la stratosphère pour réfléchir les rayons du soleil que d'imaginer l'humanité faisant preuve de discernement technologique.

On comprendrait ainsi qu'ils sont incapables de démontrer le bien-fondé de leurs croyances et qu'il n'existe aucune preuve que la trajectoire *par défaut* du progrès soit la bonne. On pourrait alors s'en remettre à la donnée principale de notre époque, qui est que la technosphère a littéralement explosé la capacité de charge du système Terre, très largement et très rapidement ; et en déduire que, *jusqu'à preuve du contraire*, la priorité absolue du progrès devrait être de remédier à cette anomalie, tout en palliant ses conséquences.

Des décennies d'abondance énergétique et matérielle à crédit nous ont ainsi conduits à ce que la question du *pour quoi faire ?* soit éclipsée par celle du *pourquoi pas ?*. Si une IA peut écrire un livre à notre place, *pourquoi* ne *pas* la laisser faire ? Si un avatar virtuel nous permet de nous sentir moins seuls, *pourquoi* ne *pas* l'utiliser ? Si un petit pédalier électronique nous permet de faire nos 10 000 pas quotidiens, *pourquoi* ne *pas* tous en avoir un sous notre bureau ? Nous n'attendons plus des concepteurs d'une technologie qu'ils nous démontrent que celle-ci apporte une solution valable à un réel besoin. À l'inverse, il revient à ses détracteurs de démontrer qu'elle pose un problème, de trouver des arguments de réponse à ce *pourquoi pas ?* – ce qui revient à expliquer à une personne ayant quatre crédits en retard de remboursement *pourquoi* ne *pas* en contracter un cinquième pour s'acheter une voiture de luxe.

Inverser la charge de la preuve, en somme, serait un excellent moyen de s'assurer que l'illusionnisme technologique ne dupe plus personne, et de créer exclusivement des solutions dont nous pouvons justifier qu'elles sont valables à l'aune de nos connaissances.

E. Sortir du technocosme

Stewart Brand est considéré comme l'un des pères spirituels de la Silicon Valley, ayant inspiré Steve Jobs, entre autres pionniers de l'informatique et d'Internet. Ancien hippie, l'auteur du Whole Earth Catalog[1] symbolise le pont qui existait entre les contre-cultures

1. Le Whole Earth Catalog était un catalogue, publié entre 1968 et 1972, recensant des dizaines d'outils, de machines et de techniques visant à promouvoir un

psychédélique ou beatnik des années 1960, dont San Francisco était la capitale, et la culture *tech* qui allait y émerger au cours des décennies suivantes. Or, un jour, Brand vit une photographie de la Terre depuis l'espace, prise par la NASA, et eut une révélation : si nous permettions à des milliards d'humains de regarder cette image, ils prendraient aussitôt conscience de la finitude et de la fragilité du système Terre. Un changement de paradigme aurait lieu, similaire à l'*effet de surplomb*[1] ressenti par les astronautes.

Aujourd'hui, bien sûr, regarder une vidéo de la Terre en train de tourner ne nous fait ni chaud ni froid, et nos cerveaux gavés d'images ont bien intégré la différence entre une simulation visuelle et une situation réelle – de même qu'en regardant *L'Arrivée d'un train en gare de La Ciotat*, des frères Lumière, nous ne redoutons pas que la locomotive nous fonce dessus. Pour autant, l'idéalisme de ce projet reflète une ambition qui deviendra caractéristique de la Silicon Valley. Dans la lignée de Brand, de nombreux pionniers de la *tech* et du Web chercheront à leur tour une réponse, par des technologies « révolutionnaires », à une question finalement très proche de celle qui occupe Pascal : comment faire en sorte que l'humanité change de paradigme et modifie son récit, sa représentation du monde ?

Les premiers utilisateurs d'Internet, dans les années 1990, ont ainsi ressenti cet effet paradoxal : l'écran numérique était un médium de reconnexion au monde et aux autres. Par ce biais, l'internaute s'affranchissait des normes sociales et des représentations standardisées, et accédait en quelque sorte à une

style de vie créatif et autosuffisant, prônant le *do it yourself* (DIY). Steve Jobs, dans son discours de juin 2005 à l'université de Stanford, le décrit comme une des bibles de sa génération : « C'était un peu comme Google en format papier, trente-cinq ans avant. »

1. L'effet de surplomb (en anglais, *overview effect*) désigne un choc cognitif, une prise de conscience dont témoignent certains astronautes après avoir observé la Terre depuis l'espace.

interface plus directe, moins filtrée, avec la réalité. La suite est connue : cette première version du Web a fait perdre beaucoup d'argent à ses investisseurs, alors les marchands ont pris possession du temple. Le Web 2.0 est arrivé, les futures *big tech* réitérant d'abord les promesses « révolutionnaires » de la contre-culture qui avait permis leur existence – une immense majorité de leur code provenant, au départ, des communautés *open source*. Puis l'idéalisme des origines a, peu à peu, déserté la Silicon Valley.

Mais la confusion entre technocosme et réalité, elle, est restée. Elle a été recherchée, cultivée, poussée à son paroxysme par les entreprises de la *tech* et leurs investisseurs. L'écran numérique, tout en continuant de donner l'illusion d'offrir une interface plus directe, plus interactive au monde et aux autres, est devenu dans le même temps un instrument de manipulation, de désinformation et de déconnexion du réel. Le technocosme ultime, décrit au chapitre 24.

Quelles leçons Pascal doit-il tirer de cette histoire ? S'il fallait recréer un écosystème d'innovation aujourd'hui, que faudrait-il garder de l'expérience siliconienne ? Quelles erreurs faudrait-il ne surtout pas reproduire ?

On pourrait estimer que le problème vient simplement du virage commercial pris dans les années 2005-2015. L'histoire serait simple et familière : un projet rempli de bonnes intentions, dévoyé par le capitalisme et l'appât du gain... Mais cela reviendrait à négliger les verrous systémiques, en considérant que ce virage aurait pu être évité, qu'on aurait pu en *décider* autrement, et qu'alors le numérique aurait bel et bien révolutionné notre rapport au monde.

Or Pascal, qui se rappelle l'exemple d'OpenAI au chapitre 9, sait que le déterminisme technologique et le dilemme du prisonnier rendaient, en réalité, ce virage inéluctable. Il trouve somme toute assez logique qu'un projet consistant à « changer notre rapport au monde par la technologie » finisse par faire le jeu du système A, et par augmenter notre dépendance au technocosme au prétexte de nous en libérer. Notre décideur comprend que le ver était dans le fruit depuis le début, dans cette confusion volontaire entre bulle d'abstraction artificielle et réalité naturelle, dans cette promesse de création de valeur immatérielle – qui relève de l'illusionnisme technologique pur et simple.

Il en tire une leçon, pour son contre-récit du progrès : épaissir le technocosme ne peut jamais être une solution valable à nos problèmes, puisque sa vocation première est de *nous couper du réel*. En l'occurrence, on ne peut ajouter plus de couches au mille-feuille technologique qui s'interpose entre nous et le monde, nous et les autres, voire nous et nous-mêmes, au prétexte de mieux prendre conscience du monde, des autres ou de nous-mêmes. Ce non-sens d'origine, sous l'effet des verrous systémiques, aboutira toujours à nous couper davantage de la réalité naturelle.

Le technocosme est pavé de bonnes intentions, et il continuera de l'être. Aujourd'hui, certains pensent sincèrement qu'y ajouter des couches supplémentaires peut résoudre le réchauffement climatique ou « lutter contre l'entropie ». Or Pascal sait qu'il est grand temps de sortir de cette boucle infinie.

Nous avons certes besoin de la technologie pour nous adapter au monde, mais cela implique de cesser de vouloir faire abstraction du monde par la technologie.

Sortir du technocosme signifie : abandonner l'idée que la technosphère a un degré de réalité supérieur à la biosphère, et par conséquent repenser la relation entre systèmes techniques et écosystèmes, sur le principe de la symbiose. Il s'agit, accessoirement, de reconnaître que le vivant sait parfois résoudre les problèmes de façon plus efficace, plus élégante et plus robuste que toute solution technique que nous pourrions inventer, et qu'il suffirait de lui laisser l'espace et le temps de le faire.

Ainsi, à la question *Comment faire en sorte que l'humanité change de paradigme et modifie son récit du progrès ?*, Pascal a l'intuition qu'un début de réponse consisterait à prendre conscience de ce que le temps de cerveau disponible d'un être humain est limité (voir le chapitre 29), et qu'il faudrait donc commencer par cesser de surcharger son attention d'artifices et de diversions stériles, pour lui laisser le temps d'exercer son intelligence et de prendre réellement conscience du monde et des autres.

F. Faire preuve de stoïcisme technologique

« Que la force me soit donnée de supporter ce qui ne peut être changé et le courage de changer ce qui peut l'être, mais aussi la sagesse de distinguer l'un de l'autre. »

Comment s'approprier cette maxime attribuée à Marc Aurèle aujourd'hui, quand les verrous systémiques empêchent précisément de savoir discerner ce qui ne peut être changé de ce qui peut l'être ?

Prenons l'illusionnisme technologique : tout ce que Pascal refuse de la réalité donne l'impression de pouvoir être modifié, à la demande. Il peut discuter avec l'avatar de son ami décédé, s'entourer d'une bulle de filtres où tout le monde pense comme lui, accéder à n'importe quel plaisir pour assouvir ses frustrations, ses addictions... De sorte que la sagesse stoïcienne – consistant à reconnaître qu'on n'a pas toujours prise sur les événements extérieurs, mais qu'on peut en avoir sur son propre esprit – lui est à jamais inaccessible, *par la force des choses*.

Le rapport s'est même complètement inversé : Pascal se surprend encore parfois à penser que l'humanité peut plus facilement s'affranchir des lois de la physique que de ses propres règles du jeu. Fort de son parcours et de ses réflexions, il sait, bien sûr, contre-argumenter, se rendre compte de son erreur, mais le fait est que son premier réflexe est de considérer qu'il a davantage prise sur le monde que sur son propre esprit. Et pour cause : le technocosme lui donne l'illusion de piloter la réalité naturelle à distance, tout en le privant méthodiquement de son discernement et de son pouvoir de décision.

Cette inversion a pour effet de produire des esprits faibles, régis par leurs caprices et leurs émotions, incapables d'accepter la contrainte ou l'inconfort, bref, profondément inadaptés au monde fluctuant, limité, donc nécessairement frustrant, qui s'annonce.

Et le comble de l'absurde est atteint lorsque cette faiblesse d'esprit finit par persuader l'humain que cette inadaptation vient de sa condition naturelle, plutôt que de sa culture. Ses biais cognitifs, caprices, émotions, frustrations et addictions sont « dans sa nature » et nous, humains, étions faits pour en arriver là. Alors, après tout, pourquoi un automate, répliquant notre culture et délesté de notre condition biologique, ne rendrait-il pas le monde meilleur ?

Faire preuve de stoïcisme technologique consiste donc à remettre notre paradigme à l'endroit. Nous avons davantage prise sur notre esprit que sur le monde, rien n'a changé de ce point de vue depuis Marc Aurèle, excepté la capacité des choses à nous faire croire le contraire. Nous avons davantage prise sur nos règles du jeu que sur les lois de la physique. Nous pouvons encore discerner ce qui peut être changé – le blocage de nos décisions par les verrous systémiques – de ce qui ne peut pas l'être – les conséquences de nos technologies passées sur la réalité naturelle. Et c'est même la condition sine qua non pour renouer avec l'idée de progrès.

28.

Faire atterrir nos règles du jeu

Après avoir déverrouillé notre récit du progrès, le deuxième étage est celui de nos règles du jeu et de nos modèles économiques (*Figure 46*), qui bloquent nos décisions en faveur du système A. D'abord, à travers le dilemme du prisonnier (qui enferme les décideurs dans des faux choix, profitant toujours au statu quo au détriment de leurs intérêts communs), puis par le jeu spéculatif (qui verrouille leurs paris sur l'avenir en les incitant à miser sur une fuite en avant, ce qui la perpétue) et le déterminisme technologique (qui leur impose la logique du « quand on peut, on veut » et interdit tout discernement technologique).

A. Sortir du dilemme du prisonnier

Si l'illusionnisme technologique est la clé de voûte du système A, le dilemme du prisonnier en est la pierre angulaire. Il joue un rôle fondamental dans le soutènement et le renforcement d'autres verrous systémiques, comme le déterminisme technologique, le jeu spéculatif, mais aussi l'effet rebond ou la

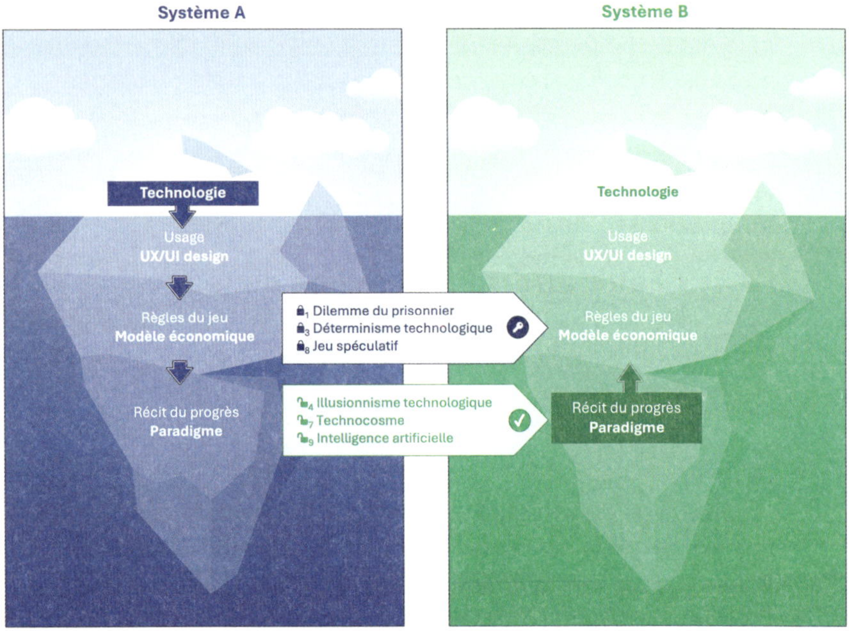

Figure 46. Les trois verrous systémiques à faire sauter pour faire atterrir nos règles du jeu.

dépendance au sentier. Pour en sortir, un préalable est d'avoir déverrouillé la couche inférieure et, en particulier, d'avoir tourné le dos à toute forme d'illusionnisme technologique.

Pour illustrer le fait que le dilemme du prisonnier se trouve au carrefour de nombreux verrous systémiques, prenons l'exemple des innombrables technologies promettant un gain de temps ou de productivité : e-mails, visioconférences, prise de notes automatisée par IA... Pascal a compris, au chapitre 12, combien cette promesse était trompeuse : la règle est que, si tout le monde gagne du temps grâce à cet outil, alors personne n'en gagne par rapport aux autres ni à ses concurrents. La seule conséquence est une accélération de la cadence de l'économie, sans que personne en perçoive le moindre bénéfice – une forme d'effet rebond. Personne, excepté bien sûr tout un écosystème d'organisations prospérant sur le succès commercial de cette technologie (fabricants, revendeurs, consultants, sous-traitants, formateurs, etc.) que son adoption massive a rendues hégémoniques et, bientôt, incontournables dans le choix de futures innovations : c'est la dépendance au sentier.

Pascal peut comprendre l'arnaque, mais il ne peut rien y faire. La puissance du dilemme du prisonnier est qu'il oblige tous les décideurs à une certaine « rationalité », donc à penser de la même manière. Si Pascal et ses concurrents pouvaient se mettre d'accord, ils en arriveraient certainement à la conclusion qu'il vaut mieux que personne ne souscrive au nouvel outil, puisque personne n'y gagne : cela leur éviterait en outre une accélération du rythme de la technosphère, déjà difficile à suivre. Mais puisqu'ils ne se concertent pas, les décideurs sont contraints de jouer à anticiper ce que les autres vont choisir : c'est le jeu spéculatif. Pascal devient ainsi le prisonnier des décisions de ses concurrents.

Si mes concurrents achètent ce nouvel outil, ma décision la plus rationnelle sera de l'acheter aussi, sinon ma perte de productivité me fera mettre la clé sous la porte.

Si mes concurrents n'achètent pas ce nouvel outil, ma décision la plus rationnelle sera de l'acheter quand même, car je deviendrai le plus productif sur le marché.

Au bout du compte, puisque chaque décideur tient ce raisonnement et, surtout, prédit que tous les autres tiendront le même raisonnement, alors chacun « décide » d'acheter le nouvel outil, sans rien y gagner.

Ce verrou peut être illustré par le tableau *Duel au gourdin*, du peintre Francisco de Goya (*Figure 47*). Il représente deux hommes en plein combat, tentant de prendre le pas l'un sur

Figure 47. Duel au gourdin, du peintre Francisco de Goya.

l'autre. Or chacun de leurs mouvements les fait s'enfoncer plus profondément dans les sables mouvants qui, déjà, les paralysent jusqu'aux genoux. Pour le philosophe Michel Serres[1], cette image est une excellente métaphore des oppositions stériles qui nous détournent du véritable péril qu'est la catastrophe planétaire. Elle illustre aussi bien la polarisation des points de vue provoquée par les algorithmes sociaux – qui nous enlise dans la désinformation – que le verrou du dilemme du prisonnier. Afin qu'elle soit une parfaite illustration de ce dernier, il suffit d'envisager que chaque duelliste est en réalité captif des décisions présumées de son opposant. Chacun est en effet convaincu qu'à l'instant où il aura la sagesse d'interrompre le combat pour tenter de s'extraire des sables mouvants, l'autre profitera de ce qu'il a baissé la garde pour prendre enfin le dessus sur lui.

Cette métaphore offre un nouvel éclairage sur le rebond des émissions de CO_2 de la Silicon Valley, liées à l'IA générative (voir le chapitre 2). La règle implicite, instaurée par le dilemme du

1. *Le Contrat naturel*, de Michel Serres, Flammarion, 1992.

prisonnier, est qu'il apparaît plus rationnel pour un décideur de contribuer à empirer la situation dans l'absolu, dans le but d'améliorer sa situation relative. Il en résulte un cercle vicieux, nourri par le jeu spéculatif : plus il y a de décideurs pariant sur un avenir sombre, plus cet avenir le devient, du fait de leurs décisions. Eric Schmidt[1] résume parfaitement cette situation lorsqu'il déclare, en octobre 2024, que « nous n'atteindrons pas nos objectifs climatiques de toute façon » et qu'il préfère « parier que l'IA va résoudre ce problème plutôt qu'en limiter l'essor et être malgré tout confronté au problème ».

La théorie des jeux – dont le dilemme du prisonnier est issu – nous rappelle que ces décisions absurdes ne sont pas liées à notre nature, ni à notre irrationalité, mais à la rationalité restrictive du système A, gravée dans le marbre de nos règles du jeu. C'est parce que nous respectons ces règles à l'échelle microéconomique que nous en venons à prendre des décisions irrationnelles à l'échelle systémique. Et personne ne peut rien y faire, du moins individuellement. Pour sortir de ce verrou, il n'y a qu'une solution : la coalition.

B. Former des coalitions de longue traîne

Pascal a compris qu'il n'était pas seul : le problème n'est pas que les décideurs sont cyniques et parient sur l'effondrement – même si, il ne faut pas le nier, c'est effectivement le cas d'une partie d'entre eux –, mais que la majorité de décideurs qui aimeraient éviter ce scénario n'ont aucun pouvoir de décision, aucune stratégie coordonnée pour entraver la fuite en avant. En se promenant au pied des tours, Pascal ne cessait de se demander :

1. Ancien PDG de Google, Eric Schmidt est une voix influente de la Silicon Valley.

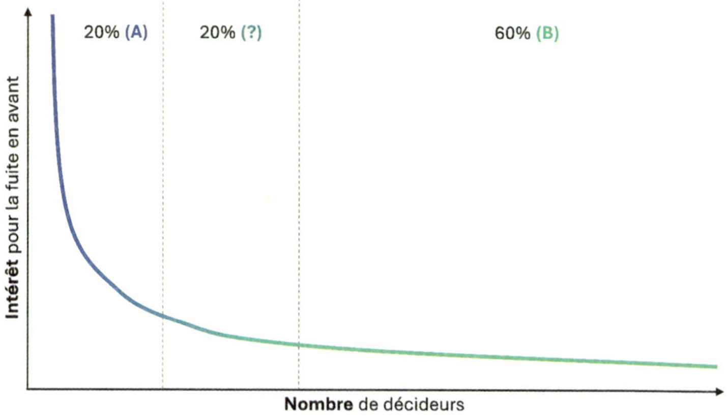

Figure 48. Longue traîne de décideurs classés par leur degré d'intérêt pour la fuite en avant, selon Pascal.

combien sont-ils à savoir que cet avenir leur est défavorable et qu'ils ont tout intérêt à s'allier pour éviter qu'il n'advienne ?

Les milliers de conversations qui s'en sont suivies lui ont permis de se faire une idée. Selon Pascal, la réponse à cette question prend la forme d'une longue traîne (*Figure 48*). Il existe probablement 20 % de décideurs qui sont complètement verrouillés dans le système A, dont les intérêts en sont captifs et à qui leur « rationalité » dictera de s'opposer, par principe, à toute émergence d'un système B. De l'autre côté du spectre, on trouve environ 60 % de décideurs n'ayant aucun intérêt à la fuite en avant du système A, qui s'efforcent aujourd'hui de suivre la cadence de l'innovation à cause des verrous systémiques, mais qui ont toutes les raisons de penser que cette trajectoire leur sera de plus en plus défavorable.

Enfin, il y a la dernière catégorie, au centre de cette distribution : environ 20 % de décideurs en position intermédiaire, dans la situation de Pascal au chapitre 19, c'est-à-dire encore en course pour profiter de l'accélération technologique – à condition de devenir techno-évangélistes eux-mêmes et d'appliquer les scripts du système A plus vite que les autres –, et néanmoins suffisamment décrochés de la tête de cette course pour pouvoir se rendre compte qu'elle ne mène nulle part.

Si la fuite en avant technologique est une pyramide de Ponzi, alors la gauche de cette courbe en est le sommet, et plus un décideur se trouve vers la droite de la figure – donc aux étages inférieurs de la pyramide –, plus il peut être certain d'en être l'idiot utile.

Pascal se rappelle alors son pari, formulé au chapitre 19 : non seulement ne pas croire à l'illusionnisme technologique, mais parier qu'une majorité de décideurs n'y croiront pas non plus. Sortir du jeu spéculatif et parier qu'une majorité de décideurs en sortiront, eux aussi, conscients que la question *Que va-t-il advenir de manière certaine ?* est plus cruciale pour leur avenir que la question *Que vont décider les autres ?*.

Tous les décideurs ayant un intérêt rationnel à changer de règles du jeu doivent donc former une large coalition, se mettre en réseau pour passer d'une multitude de joueurs isolés à un écosystème cohérent, porteur d'une stratégie coordonnée.

C. Basculer dans un jeu « coopétitif »

Un des interlocuteurs de Pascal lui a présenté la chose ainsi : depuis quelques siècles, nous jouons en quelque sorte au *Monopoly*. Toutes nos décisions, nous les prenons en fonction des règles de ce jeu, qui exacerbent la compétition – en théorie des jeux, on parle d'un jeu non coopératif.

Si bien que, dans ce laps de temps, nous avons complètement oublié que nous étions collectivement engagés dans un autre jeu, à plus long terme, consistant à nous assurer du progrès et de la prospérité de notre civilisation et à éviter son effondrement. Un jeu coopératif, cette fois-ci, dont une équivalence en

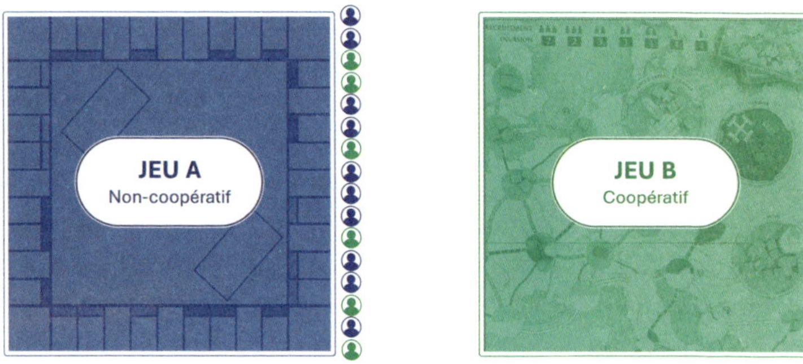

Figure 49. Deux jeux coexistent et tous les décideurs sont focalisés sur le jeu A. Qu'ils souscrivent aux axiomes du système A (icônes bleues) ou non (icônes vertes), leurs décisions sont toujours dictées par les règles du jeu A, donc verrouillées par le dilemme du prisonnier, le jeu spéculatif et le déterminisme technologique.

matière de jeux de société pourrait être *Pandémie : La chute de Rome*, dans lequel les joueurs doivent mettre en commun leurs informations et définir une stratégie coordonnée pour enrayer une pandémie qui risque de terrasser l'Empire romain. Ce jeu B précède et conditionne le jeu A, lequel accapare néanmoins toute notre attention et dicte toutes nos décisions (*Figure 49*).

Par conséquent, il faut bien le dire, nous sommes partis pour subir une défaite cuisante à ce jeu B, faute d'avoir compris que nous y jouions. Un cercle vicieux est même à l'œuvre : plus les décideurs sont nombreux à croire qu'éviter la chute de notre civilisation est un jeu perdu d'avance, plus il est préférable pour eux d'améliorer leur situation relative au jeu A au détriment du jeu B, qui devient donc d'autant plus secondaire et perdu d'avance… Cette réaction en chaîne verrouille, chaque jour davantage, nos modèles économiques en faveur de l'accélération.

Pour autant, il est impensable d'abandonner notre « partie de *Monopoly* » qui, pour l'heure, dicte toutes nos décisions et fixe la valeur de toute chose. Alors Pascal et sa coalition n'ont d'autre

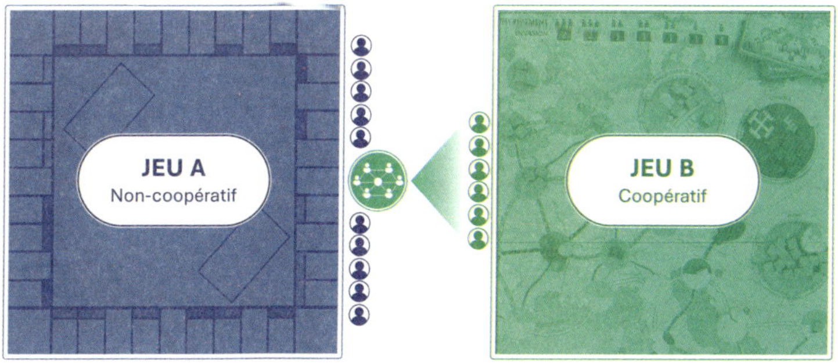

Figure 50. Une coalition de décideurs coopère au jeu B en usant de stratégies coordonnées au jeu A.

choix que de participer aux deux, d'avoir une stratégie tenant compte de ces deux jeux parallèles : de basculer, en somme, dans un « méta-jeu » coopétitif.

Concrètement, il s'agit pour ces décideurs de gagner au jeu B (faire atterrir le progrès, éviter l'effondrement systémique) en mettant en œuvre des stratégies coordonnées au jeu A (rester compétitifs sur le marché). L'intelligence coopérative développée dans le jeu B est mise à profit, dans l'optique d'en faire un levier d'influence sur le jeu A (*Figure 50*).

Ainsi, lorsque cette coalition revient à la table de *Monopoly*, le fait de disposer d'une stratégie concertée, à laquelle aucun des décideurs qui la composent ne dérogera – car définie selon les règles d'un jeu d'importance supérieure –, la protège contre le dilemme du prisonnier. Il lui devient dès lors possible de proposer des modèles économiques et des principes de design alternatifs, immunisés contre les verrous systémiques, et de les ériger en standards grâce à leur capacité d'entente stratégique à long terme, dont les autres décideurs du jeu A sont dépourvus.

D. Offrir une prophétie auto-réalisatrice concurrente

Comme nous l'avons vu au chapitre 27, sortir de l'illusionnisme technologique implique de changer de rapport à l'avenir : l'enjeu, pour les décideurs, n'est plus de perpétuer une réaction en chaîne en pariant sur le futur le plus probable afin d'y planter leur drapeau, mais de réagir à cet avenir par anticipation, afin d'éviter l'ingérable et de gérer l'inévitable. Or nous avons montré, au chapitre 20, que les technologies forgées dans le moule du système A seront non seulement inaptes à nous faire éviter l'ingérable, mais encore moins capables de nous faire gérer l'inévitable, en raison de leur manque de robustesse, donc d'aptitude à fonctionner dans un monde fluctuant.

Cependant, le principe du jeu spéculatif est, précisément, de renforcer la prophétie la plus répandue chez les décideurs et de la rendre auto-réalisatrice : celle-ci leur dicte le futur le plus probable, dont ils déduisent leurs décisions, lesquelles renforcent la prophétie, et ainsi de suite. Ce processus déterministe, qui fait systématiquement advenir le futur le plus communément admis comme crédible, est très pratique dans une période d'optimisme et d'amélioration continue ; mais quand le futur s'assombrit, il en accélère la réalisation avec une même facilité sidérante – la déclaration d'Eric Schmidt en témoigne. Dès lors, le jeu spéculatif devient une boucle de rétroaction absurde : si Pascal parie qu'une majorité de décideurs préféreront s'enfoncer dans le déni et spéculer sur la fuite en avant, lui-même va préférer s'enfoncer dans le déni et spéculer sur la fuite en avant, donnant ainsi raison aux autres décideurs de faire de même...

Le but du jeu B consiste donc à mettre en place une boucle de rétroaction négative, à même d'enrayer ce cercle vicieux : faire en sorte qu'à mesure que nos spéculations sur l'avenir s'assombrissent, nos décisions puissent se réorienter vers une prophétie auto-réalisatrice concurrente, permettant d'y réagir par anticipation.

Concrètement, plus les investisseurs seront convaincus que l'atterrissage aura lieu – que nous le voulions ou non, que nous l'organisions ou non –, plus le jeu spéculatif leur dictera de sécuriser une part croissante de leurs capitaux en pariant sur un système B, constitué de technologies moins démesurément performantes, puissantes et rentables, mais plus robustes, donc plus aptes à gérer l'inévitable et à survivre aux contraintes et fluctuations du monde à venir. De même, plus tôt les décideurs admettront cet avenir comme *le plus probable*, plus vite le jeu spéculatif leur dictera de former des coalitions pour s'y adapter par anticipation, tant que l'ambiance est encore à peu près cordiale – au lieu d'attendre que les crises s'aggravent pour réagir en catastrophe.

Il suffirait d'une alternative systémique et d'un brin de lucidité collective pour que le jeu spéculatif se retourne contre lui-même… au profit du pari de Pascal.

E. Développer l'ambidextrie systémique

Le modèle des trois horizons le montre : pour qu'une transition vers un système B soit possible, il existe nécessairement une période où les deux systèmes coexistent : le système A ou A' d'une part – toujours dicté par les verrous systémiques –, et le système B d'autre part – qui s'en est affranchi. Cela implique que les décideurs soucieux de déverrouiller le progrès développent une capacité à jouer en parallèle selon deux règles du jeu différentes, à souscrire simultanément à deux modèles, deux paradigmes distincts.

Cette aptitude, nommée ambidextrie – puisqu'elle équivaut, pour une organisation, à la capacité pour un individu d'écrire de ses deux mains –, est d'autant plus cruciale pour Pascal et sa coalition qu'aucun territoire, aucune entreprise, aucune administration ne peut basculer d'un bloc du système A vers le système B : il s'agit moins d'une bascule que d'une bifurcation progressive.

L'ambidextrie a été initialement pensée pour les entreprises pratiquant l'innovation de rupture : celles-ci se trouvent en effet dans l'obligation d'opérer deux modèles économiques en parallèle, en concurrence l'un avec l'autre. Prenons l'exemple d'une chaîne hôtelière qui, pressentant le potentiel de ce nouveau marché, lance une application de location de vacances entre particuliers en 2005, soit trois ans avant la création d'Airbnb. Cette entreprise doit développer à la fois son modèle historique d'exploitation hôtelière et ce nouveau modèle, conçu pour confisquer des parts de marché au premier.

Sans ambidextrie, une organisation verra cette coexistence de deux modèles comme un non-sens, une sous-optimalité, et le nouveau modèle finira par être phagocyté par le premier : après tout, les salariés de cette entreprise, ses liens commerciaux, son image de marque, le choix de ses fournisseurs ont été forgés par son modèle d'origine. C'est pour cette raison qu'aucun groupe hôtelier n'a créé Airbnb et qu'il est en réalité très rare qu'une innovation de rupture provienne d'une entreprise installée sur son marché : il y a, dès lors, un conflit de modèles insurmontable, qui *verrouille* la transition.

L'ambidextrie permet de sortir de ce verrou, en développant la capacité à exister dans deux structures distinctes. L'une, dédiée à l'*exploitation*, c'est-à-dire à l'application des règles et modèles éprouvés du *business as usual*. L'autre, dédiée à l'*exploration* et à l'expérimentation de modèles alternatifs, susceptibles de prendre le relais dans le futur. Dans l'exemple du groupe hôtelier, cette ambidextrie prendrait typiquement la forme de deux sociétés séparées, chacune ayant son organisation distincte, ses propres salariés, liens commerciaux, image de marque, fournisseurs, etc. Et d'une concurrence assumée entre ces deux sociétés, bien qu'elles participent en réalité à un méta-jeu consistant à maximiser leurs parts de marché combinées.

Dans cet esprit, l'ambidextrie systémique exige que Pascal et sa coalition de décideurs soient capables à la fois d'assurer la compétitivité de leurs modèles distincts (jeu A) et d'expérimenter des modèles alternatifs, mieux adaptés aux contraintes et fluctuations à venir (jeu B). Et d'assumer le méta-jeu consistant à gagner au jeu B sur le long terme, grâce à une réallocation des gains générés, à court terme, par leurs stratégies coordonnées dans le jeu A.

F. Agir à l'échelle biorégionale

Les verrous systémiques n'ont pas la même force de blocage en fonction des échelles auxquelles Pascal et sa coalition peuvent agir. Plus un décideur agit à une échelle *micro*, plus il est à peu près libre de décider et d'expérimenter ce qu'il souhaite, mais plus son impact est limité. À l'inverse, plus il agit à une échelle *macro*, plus son impact potentiel est fort, mais plus ses décisions sont verrouillées (*Figure 51*).

Il s'agit donc de trouver une échelle médiane pour laquelle l'équilibre entre le verrouillage et l'impact des décisions est optimal. On parle d'échelle méso-économique. Or une très bonne incarnation de cette échelle est le concept de biorégion, qui désigne un territoire délimité non pas par des frontières administratives, mais par une certaine uniformité de son biotope – des espèces animales et végétales qui y vivent, des spécificités culturelles et agricoles ayant une incidence sur l'aménagement de son territoire, etc. Nous verrons, au chapitre 29, qu'un principe fondamental du système B consiste à tenir compte des limites

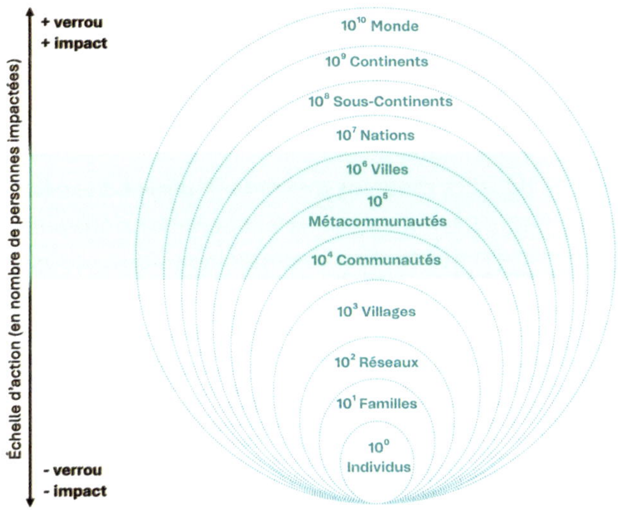

Figure 51. Plus son échelle d'action englobe un grand nombre d'individus, plus une coalition de décideurs peut avoir un fort impact de transformation, mais plus ses décisions seront bloquées par les verrous systémiques. Une étude récente situe l'échelle optimale entre 10 000 et 1 000 000 d'individus (Avit K. Bhowmik et al, 2020).

naturelles dans la conception technologique, ce que permet cette notion.

Choisir cette échelle d'action facilite la quête d'une relation symbiotique entre la technosphère et la biosphère – dont les caractéristiques varient en fonction de chaque biorégion – et garantit une grande diversité des expérimentations. Or cette diversité est non seulement un facteur important de robustesse, mais également une clé pour sortir du technocosme, qui se caractérise à l'inverse par l'effacement des spécificités locales, de sorte à copier-coller les mêmes principes d'urbanisme et d'aménagement d'un bout à l'autre du globe.

29.

Faire atterrir nos principes de design

Après avoir déverrouillé notre récit du progrès et nos modèles économiques, il nous faut sortir d'une dernière couche de verrous touchant à nos principes de design (*Figure 52*), à cause desquels les solutions techniques que nous concevons ont tendance à renforcer les problèmes qu'elles sont censées résoudre. D'abord, à travers le biais technosolutionniste (qui postule que tout problème admet une solution technique, même lorsque ce problème est en réalité posé par notre usage irréfléchi de la technique), puis par la dépendance au sentier (qui verrouille nos décisions en faveur du statu quo) et l'effet rebond (à cause duquel même une technologie parfaitement conçue peut se révéler contre-productive).

A. Sortir du biais technosolutionniste

Le biais technosolutionniste est le troisième verrou qui constitue la colonne vertébrale du système A, avec l'illusionnisme technologique et le dilemme du prisonnier. Il découle

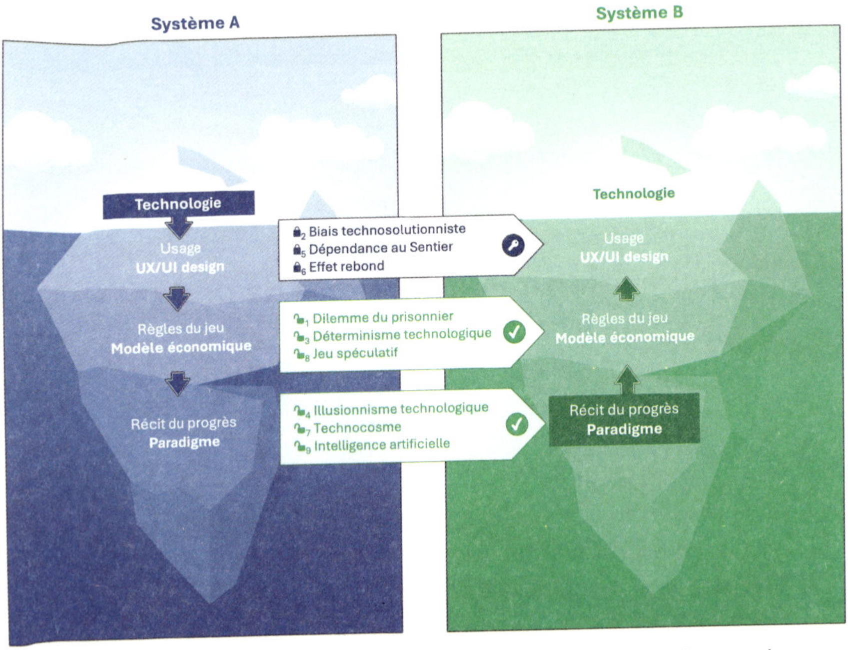

Figure 52. Les trois verrous systémiques à faire sauter pour faire atterrir nos principes de design technologique.

logiquement de notre récit du progrès : puisque *créer de la valeur* consiste à transférer des ressources depuis les écosystèmes vers nos systèmes techniques, alors tout problème doit admettre une solution technologique, jugée préférable à toute alternative naturelle même si – voire surtout si – cette solution génère à son tour d'autres problèmes, qui admettront d'autres solutions techniques, et ainsi de suite. Le biais technosolutionniste est ensuite renforcé par nos règles du jeu : le déterminisme technologique, par exemple, produit un flot continu de solutions sans problème à résoudre auxquelles le jeu consiste alors à trouver des cas d'usage et des débouchés marketing. On ne peut donc sortir de ce verrou qu'en ayant déverrouillé les deux couches sous-jacentes.

Comme l'a vu Pascal au chapitre 8, le biais techno-solutionniste nous fait constamment accroître la taille, la vitesse et l'empreinte de la technosphère. D'abord, en y ajoutant sans cesse de nouvelles « solutions », pour répondre à des problèmes qui, pour l'essentiel, sont posés par nos « solutions » précédentes – Pascal se rappelle le petit pédalier électronique, censé lutter contre les méfaits d'une vie sédentaire ; mais aussi, en nous efforçant de maximiser leur fréquence et leur intensité d'utilisation, par tous les moyens – Pascal repense aux algorithmes qui exploitent nos biais cognitifs pour retenir notre attention sur les plateformes ; en nous arrangeant pour que des milliards de consommateurs dans le monde aient chacun leur propre objet, même s'ils ne l'utilisent que quelques heures par semaine – Pascal se remémore comment la Ford Model T a érigé en standard la voiture thermique individuelle ; en tâchant de maximiser le nombre d'objets par consommateur au cours de sa vie, par la conception de solutions à usage unique ou à obsolescence programmée – Pascal se souvient de son lave-linge en panne, impossible à faire réparer ; et enfin, en nous désintéressant royalement du cycle de vie de ces objets – dont une grande part des matériaux est extraite, consommée puis convertie en déchets et en pollution.

Si ces différentes étapes *créent* de la valeur au regard de nos modèles économiques, c'est parce que ceux-ci demeurent aveugles à la valeur qu'elles *détruisent*, ce qui reste permis dans un contexte de relative abondance énergétique et matérielle – à crédit. Mais à l'heure où les services écosystémiques, la stabilité du climat, la régularité des cycles biogéochimiques, la fertilité des sols et la qualité de l'air se dégradent, cette perte de valeur nette passe beaucoup moins inaperçue. Chaque solution, nouvelle ou existante, doit donc être (re)pensée d'urgence pour chercher à la minimiser.

B. Réduire la destruction de valeur à son seuil incompressible

Dans notre jeu de contraintes élargi, symbolisé par le donut, le progrès n'a plus pour finalité de maximiser la technosphère – sa taille, sa vitesse, son empreinte –, mais plutôt de trouver son « poids d'équilibre », sa taille et sa vitesse optimales.

Tout principe de design d'un système B doit donc être mis au service de cette priorité : réduire l'obésité de notre éléphant jusqu'à des niveaux soutenables. Cela correspond à l'un des deux effets du discernement technologique vus au chapitre 13, symbolisé par le vecteur x (*Figure 53*).

On peut ainsi lister cinq leviers de réduction, en miroir des cinq étapes de destruction de valeur édictées ci-dessus, valables pour chaque « solution », nouvelle ou existante.

Le premier consiste à réduire son *empreinte* sur tout son cycle de vie, en la concevant de sorte à nécessiter le moins d'extraction et générer le moins de déchets possible, par le choix de matériaux adaptés à chaque biorégion, biodégradables ou, à défaut, recyclés et recyclables.

Le deuxième vise à réduire le *nombre d'instances* de cette solution qu'un utilisateur doit consommer au cours de sa vie, en bannissant notamment les objets à usage unique et l'obsolescence programmée.

Le troisième consiste à réduire le *nombre de possesseurs* d'un objet qui n'est utilisé que sur un temps limité – voiture, lave-linge, perceuse – en le concevant non pas comme un produit mais un service partagé, voire une fonctionnalité[1].

---

1. L'économie de la fonctionnalité et de la coopération (EFC) propose un nouveau modèle économique visant à réduire la consommation matérielle de biens et de ressources, en commercialisant non plus un *bien à posséder* mais sa *fonctionnalité d'usage*. Par exemple, au lieu d'acheter des pneus pour sa voiture – ce qui déresponsabilise leur fabricant sur les pollutions et déchets

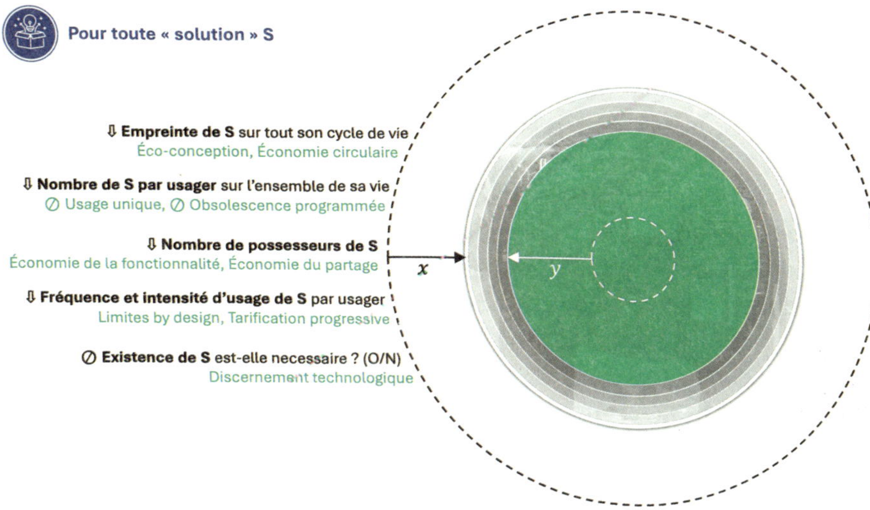

Figure 53. Schéma de la technosphère idéale, résultant d'une bifurcation vers le système B. Le vecteur x désigne la réduction de sa taille et de son empreinte, engendrée par les leviers listés sur la gauche. Le vecteur y désigne l'accroissement de la part de solutions réellement valables pour répondre aux défis qui se posent à nous.

Le quatrième consiste à limiter la *fréquence* et l'*intensité d'usage* de la solution, dès sa conception, et à intégrer cette limite à son modèle économique, par la tarification progressive par exemple – voir les deux sections suivantes.

Enfin, ces quatre leviers combinés n'auraient aucune chance de résoudre le problème d'obésité de la technosphère sans celui, fondamental, du *discernement technologique*, qui consiste à se poser la question : cette solution crée-t-elle véritablement de la

---

générés sur tout leur cycle de vie –, un consommateur achète l'usage de ces pneus – charge au fabricant de s'assurer que l'usager bénéficie toujours de pneus en bon état, de les lui remplacer en cas d'usure ou d'accident, de gérer leur recyclage ou leur réutilisation en fin de vie, etc.

valeur, déduction faite de la destruction de valeur incompressible qu'elle induit ?

Les principes de ce discernement technologique sont à définir à l'aune de nos besoins et de nos connaissances scientifiques, en s'appuyant nécessairement – en partie – sur des critères qualitatifs. Cependant, Pascal a retenu de ses conversations une question fondamentale, qui mérite selon lui d'être posée pour toute solution : est-elle *réversible* ? Peut-on revenir en arrière dans quelques années, si ses résultats ne sont pas probants ? Autrement dit, nous rend-elle plus indépendants ou plus captifs de la technosphère, sur laquelle elle repose ? Sous cet angle, l'algorithme symbiotique de Bianca, par exemple, est nettement préférable à celui d'Arthur.

C. Réconcilier la technologie avec les limites

Le discernement technologique ne se borne donc pas à minimiser la destruction de valeur induite par nos « solutions », nouvelles ou existantes, mais il vise également à maximiser leur création de valeur.

Ce deuxième mouvement, représenté par le vecteur *y* de la figure 53, peut sembler paradoxal. En effet, trois siècles d'*open bar* énergétique et matériel nous ont convaincus que notre épanouissement était à peu près proportionnel à notre degré d'artificialisation du monde : plus nous fabriquions de choses, plus nous jouissions de l'existence. Ainsi, la croissance de la technosphère fut longtemps notre meilleure option pour satisfaire à nos idéaux humanistes : elle allait, par ruissellement, éradiquer la faim dans le monde et la pauvreté, garantir un accès universel à la santé ou à l'éducation... Et les résultats obtenus dans la seconde moitié du XXe siècle nous encourageaient dans cette voie.

Mais cette corne d'abondance artificielle, ce puits sans fond de réponses immédiates à tous nos besoins, reposait sur l'hypothèse d'une autre corne d'abondance, naturelle celle-là, regorgeant de ressources en quantités illimitées. Or nous savons désormais qu'elle est un mythe. Dès lors, le doute s'installe, bien légitime : comment continuer de *tous* nous épanouir dans un monde aux ressources finies ? Est-ce seulement possible ?

À bien des égards, pourtant, ce retour des contraintes et des limites, vu par certains comme une source de frustration, peut apparaître comme une excellente nouvelle. Car, de même qu'un organisme vivant, notre éléphant n'a pas intérêt à croître indéfiniment : au-delà d'un certain seuil, aujourd'hui largement dépassé, sa démesure le rend contre-productif au regard de ses objectifs initiaux[1].

À l'inverse, ce sont des contraintes – légales et sociales – qui nous permettent de vivre en liberté, sans nous faire écraser par une voiture ou agresser à chaque coin de rue. Ce sont des limites – légales et sociales, encore – qui nous épargnent de travailler 72 heures par semaine et nous permettent ainsi de profiter de l'existence. Ce sont des contraintes – sociales et sanitaires – qui nous permettent d'avoir une hygiène et une espérance de vie historiquement élevées. Et tout pousse à penser que, demain, ce sera notre faculté à reconnaître les limites naturelles indépassables qui nous permettra de sauvegarder nos libertés individuelles, notre santé, nos droits et la maîtrise de notre destin commun, dans un monde turbulent.

Un principe de design fondamental du système B est donc de renoncer à l'idée même d'usage illimité, en reconnaissant qu'il existe un juste usage et un juste dosage de toute chose, lesquels peuvent être variables en fonction des personnes, des situations ou des biorégions, mais admettent néanmoins des seuils objectifs.

1. À titre d'exemple, après avoir reculé pendant plusieurs décennies, la part de la population mondiale en insécurité alimentaire est en augmentation légère mais continue depuis 2014, principalement du fait des variations des prix des denrées alimentaires, malgré l'émergence économique d'un grand nombre de pays qui voient se constituer une classe moyenne (source : FAO).

De même que la technosphère, toute solution devient contre-productive au-delà d'un certain seuil. Au-delà d'un certain nombre de voitures en circulation – au prétexte qu'un nombre croissant de gens veulent se déplacer rapidement –, les embouteillages de plus en plus systématiques finissent par rendre ce moyen de locomotion de plus en plus lent. Au-delà d'un certain volume de contenus circulant sur les plateformes, au prétexte d'un nombre croissant de gens désirant faire entendre leur voix, l'engorgement de nos attentions finit par rendre ce moyen de communication de plus en plus bruyant – et donc les voix qui s'y expriment, de moins en moins audibles.

Cette limitation des usages, prévue dès la conception des solutions, sera assurément présentée comme une privation de liberté par les adeptes du système A. Mais Pascal ne se laisse plus abuser par ces éléments de langage : il sait que pouvoir faire défiler un flot illimité de contenus sur Instagram ou YouTube ne le rend pas libre mais, au contraire, le plonge dans un rapport d'addiction à ces outils. Il sait qu'une limitation d'usage, valable pour tous les utilisateurs de ces plateformes, aurait plutôt un effet libérateur.

Mieux encore, ce renoncement à l'idée d'usage illimité permet d'inciter les utilisateurs à exercer leur discernement, puisque dès lors chacun doit réfléchir à sa hiérarchisation des usages : de quoi a-t-on réellement besoin ?

D. Apprendre à prioriser les usages

Le principe est simple. Si chaque utilisateur d'une plateforme est limité, disons, à deux contributions, trois likes et une heure de contenus visionnés par jour, cette limitation *quantitative* a un effet *qualitatif* immédiat. L'utilisateur en question va aussitôt prioriser les idées qu'il souhaite exprimer, les hiérarchiser, les combiner sous forme de chaînes de raisonnement plus complexes, pour que ses deux contributions expriment son point de vue de la façon la plus riche possible. De même, il va vouloir accorder ses trois likes et son heure d'attention à des contenus qui, à ses yeux, se distinguent par leur qualité. Le principe sous-jacent est que, sans limite quantitative, aucune distinction de qualité n'est possible, donc aucun discernement.

Cette aptitude à prioriser les usages de nos technologies, voire les technologies entre elles, est cruciale pour nous adapter au jeu de contraintes à venir. Dans un monde où les ressources et l'énergie sont en quantité finie, il est absurde de penser que toutes nos solutions pourront continuer de fonctionner, pour tout le monde, en usage illimité. Il va falloir faire des choix, définir des priorités – c'est inéluctable. Or Pascal a observé que l'illusionnisme technologique persuadait la plupart des gens de se désintéresser de ces décisions, pourtant fondamentales.

Cette priorisation s'annonce d'autant plus complexe que le monde à venir ne sera pas seulement plus contraint : il sera plus fluctuant. Aucun décideur ne peut prédire avec précision quelles seront les bornes à respecter, puisque celles-ci fluctueront à la faveur d'une catastrophe naturelle, d'une pandémie, d'une pénurie... Il serait donc absurde de fixer une limite légale, puisque celle-ci deviendrait caduque le jour d'après.

La question du discernement technologique, *De quel progrès avons-nous besoin ?*, devient dans ce contexte : *comment s'assurer qu'en fonction des limites fluctuantes que nous fixera la réalité naturelle, nous soyons collectivement capables de prioriser les usages techniques les plus essentiels sur les plus superflus, les plus vertueux sur les plus contre-productifs, dans l'intérêt du plus grand nombre ?*

Pour illustrer cette question, il suffit à Pascal d'imaginer une pénurie, touchant à une ressource indispensable à de nombreuses technologies de notre quotidien – pétrole, cuivre, électricité, eau, acier –, et de se demander : comment sont priorisés les usages de cette ressource s'il est établi qu'on ne peut les satisfaire tous ? Dans le système A, la réponse est pyramidale : l'étage le plus possédant se sert en premier, bien au-delà de ses besoins puisqu'il anticipe logiquement que la pénurie va durer – une prophétie autoréalisatrice –, puis l'étage directement inférieur fait de même, et ainsi de suite jusqu'à ce que la ressource soit épuisée.

Dans le système B, le principe serait de prévoir une tarification progressive des usages en fonction de leur priorité, définie collectivement en amont : cette logique assurerait que tout le monde ait accès aux usages essentiels, et qu'une fois couverts ces besoins prioritaires, chacun puisse s'offrir des usages plus superflus, en fonction de ses moyens et de la quantité de ressources disponibles. Ce modèle, en plus d'être adaptable aux fluctuations, présenterait l'autre avantage de dissuader l'effet rebond : lorsqu'un gain d'efficience permettrait à une solution A d'être aussi performante en consommant 50 % de ressources en moins, cette économie serait allouée à une solution B répondant à des besoins essentiels, plutôt qu'à des usages plus superflus de la solution A.

Le préalable à cette hiérarchisation des usages est la définition collective de priorités : *quel usage* de *quelle solution* technologique est plus nécessaire qu'un autre, dans *quel contexte* et jusqu'à *quel dosage* ? C'est donc bien moins un problème d'optimisation – dont la réponse pourrait être *calculée* par une IA – qu'un problème de discernement et de délibération collective – qu'on ne peut résoudre que par la discussion.

E. Miser sur l'intelligence naturelle

Cette logique de limitation et de hiérarchisation des usages est tout à fait transposable aux domaines de l'information et de l'intelligence.

Nous n'avons pas tant besoin de *concentrer* plus d'intelligence – au sens restrictif que nous lui donnons, à savoir plus d'information conjuguée à plus de puissance de calcul – que d'en *prioriser les usages*. Cela vaut non seulement pour ce que nous appelons IA, mais surtout pour l'intelligence humaine, qui est aujourd'hui fragmentée par les bulles de filtres, fractionnée par la division scientifique du travail, polarisée par des guerres de chapelles incessantes, parasitée par la désinformation, allouée à des projets absurdes – comme la mise au point de stratagèmes neuroscientifiques pour inciter des internautes à cliquer sur des publicités – plutôt qu'à la résolution de problèmes réels... Sous cet angle, la fuite en avant incontrôlée du progrès technique et l'anthropocène racontent finalement une seule et même histoire : la faillite de notre intelligence, faute d'en faire bon usage.

En ce sens, la croyance en une intelligence artificielle ou en un homme augmenté nous empêche de prendre conscience de ce que notre intelligence est, elle aussi, *limitée* – tout comme notre attention[1]. Qu'elle s'exerce dans un jeu de contraintes réelles, qui impliquent que certains de ses usages sont *objectivement* plus valables que d'autres et que la question de leur *priorisation* est, là encore, déterminante.

Ainsi, nos deux futurs irréconciliables exigent une seule et même réaction, rationnelle, de notre part : redistribuer l'intelligence humaine, concentrée dans des pôles comme la Silicon Valley au service de projets absurdes, la réorganiser, la réallouer de sorte qu'elle trouve les réponses les mieux adaptées aux défis existentiels de notre époque.

C'est exactement le sens du jeu B, décrit au chapitre 28 : dans un jeu coopératif, les joueurs ne peuvent définir une stratégie coordonnée que s'ils mettent en commun leurs connaissances,

---

1. Lire à ce sujet *Pour une écologie de l'attention*, d'Yves Citton, Seuil, coll. « La couleur des idées », 2014.

pour partager une même représentation de la réalité, un même cadrage des problèmes à résoudre. Or, au chapitre 24, Pascal a vu combien le réagencement de l'information par l'IA dégradait nos capacités de délibération collective et notre aptitude à faire sens du monde de manière consensuelle.

Le déverrouillage du progrès passe donc nécessairement par un déplacement de nos conversations, de nos échanges d'information et de toutes les expressions potentielles de notre intelligence collective sur d'autres moyens de communication, qui n'aient pas été forgés dans le moule du système A. Des solutions techniques qui soient aux réseaux sociaux actuels ce que l'algorithme de Bianca était à celui d'Arthur : des alternatives au design dominant qui soient symbiotiques – plutôt que parasites –, et dont la conception suive les principes édictés dans ce chapitre.

À l'inverse d'une approche technosolutionniste, nous n'attendrions pas de ces outils ou des algorithmes sous-jacents qu'ils trouvent les réponses à notre place. Leur *valeur* tiendrait précisément à ce qu'ils nous permettraient de les trouver par la conversation, sans que leurs modèles économiques, leurs principes de design ou leur hiérarchisation de l'information agissent simultanément *contre* cet objectif.

Plus largement, miser sur l'intelligence naturelle implique de reconnaître, comme au chapitre 25, une forme d'intelligence précieuse dans la capacité des écosystèmes à se maintenir en dépit de conditions fluctuantes – tout en participant à l'homéostasie du système Terre –, et de leur laisser l'espace et le temps de régénérer ce que nos systèmes techniques ont détruit. Comment ? En faisant preuve de discernement technologique au sens le plus profond, c'est-à-dire en comprenant que nous sommes entrés dans une époque où créer de la valeur ou de l'intelligence, au contraire de ce que nous croyions, consiste essentiellement à inverser le transfert de ressources depuis les écosystèmes vers la technosphère – à désartificialiser le monde.

30.

Épilogue

Les décideurs face à l'avenir

Pascal rentre chez lui, avec la satisfaction diffuse d'avoir trouvé sa nouvelle boussole. L'esprit engourdi par tant de réflexions, il allume la télévision pour se détendre, zappe sur les chaînes d'information en continu. Très vite, son enthousiasme est douché. D'un discours de Donald Trump, répétant *«drill, baby, drill»* au côté d'un Elon Musk réjoui, à une émission de CNews sur la «dictature écologique» prétendument en cours, en passant par l'interview d'un jeune entrepreneur de la *tech* sous-titrée «l'IA au service du climat», notre décideur se laisse à nouveau gagner par le fatalisme.

Il commence à penser qu'il s'est réveillé trop tard et qu'à présent les jeux sont faits: la fuite en avant est inéluctable. Le point de non-retour est passé, le discernement n'est plus recherché, l'intelligence collective se fragmente en îlots irréconciliables.

Mais il tente de se raisonner: si nous en sommes là, c'est probablement à cause de pensées similaires. Les décideurs qui l'ont précédé croyaient certainement, eux aussi, qu'il était impossible de modifier le sens du progrès, irrémédiablement engagé dans la mauvaise direction. Succomber à ce fatalisme reviendrait à renforcer, sans le vouloir, le déterminisme du système A, cette prophétie auto-réalisatrice dont se réclament les techno-évangélistes.

Or la vitesse à laquelle nos décisions collectives ont gagné en irrationalité, ces vingt-cinq dernières années, donne un avant-goût de leur évolution probable au cours de la prochaine décennie. Le pire est plus que jamais possible, et doit plus que jamais motiver les décideurs à l'éviter. S'il est certes trop tard pour sauver ce qui est déjà perdu, il est encore temps de sauver ce qu'on n'imagine pas encore pouvoir perdre.

Pascal comprend qu'en définitive Trump ou Musk sont les symptômes d'un jeu qui s'emballe, d'une fuite en avant du système A dont la *rationalité* dicte à ses joueurs des comportements de plus en plus absurdes et régressifs. S'ils n'occupaient pas cette place à la table de jeu, d'autres s'empresseraient de combler le vide – c'est la raison pour laquelle ils jouent avec tant d'âpreté. Les combattre personnellement n'est donc pas une stratégie efficace – comme le résume un dicton anglo-saxon : « *Don't hate the player, hate the game*[1]. »

Il est inévitable qu'un nombre croissant d'hommes d'affaires, dont la fortune repose intégralement sur leur application *à la lettre* des recettes éculées du système A, misent tout sur l'ignorance et le ressentiment pour préserver le statu quo, donc leurs intérêts. La véritable question est : pourquoi tant de décideurs, de citoyens, de consommateurs et d'internautes y adhèrent-ils aussi, alors que ce système leur est défavorable et n'a aucune chance de leur profiter ? Ce qui nous amène à une autre question, essentielle : pourquoi la plupart des gens, bien que trop raisonnables pour y adhérer, sont toutefois incapables d'y faire obstacle en s'accordant sur une alternative systémique, réaliste et désirable ? Cet ouvrage a tenté d'offrir une réponse à ces deux questions.

Après des milliers de conversations, Pascal a compris qu'un très grand nombre de décideurs étaient, comme lui, coupés en

1. En français : « Ne déteste pas le joueur, déteste le jeu. »

deux. Comme si chacun se racontait deux récits en parallèle : un récit A, forgé par son modèle de réussite et l'habitude des jeux de valeur économiques et sociaux, et un récit B, forgé par ses connaissances scientifiques et sa compréhension du monde. Notre héros s'est lui-même senti, tout au long de cette aventure, tiraillé entre ces deux histoires : entre pragmatisme et réalisme, entre *Homo faber* et *Homo sapiens*. Pourtant, il n'en laissait jamais rien paraître et, s'il n'avait pas eu toutes ces discussions en tête à tête avec d'autres décideurs, il n'aurait rien décelé de leur propre dualité.

Nous vivons dans un état de dissonance cognitive généralisée : après avoir longtemps pu se mettre d'accord sur une représentation commune du monde, au prix de quelques angles morts et zones d'ombre, nos récits A et B sont désormais, de même que les deux futurs qui se présentent à nous, *irréconciliables*.

Et si Trump, Musk ou les marionnettes de Bolloré suscitent une adhésion si massive, y compris de gens qui n'ont aucun intérêt à ce que le récit A triomphe, c'est parce qu'ils donnent l'impression de résoudre cette dissonance par une solution très simple : il suffit de se débarrasser du récit B, de le faire taire et de ne plus lui accorder le moindre crédit, quelle que soit la validité de ses arguments. Ils appliquent eux-mêmes cette méthode, dont découlent des discours incohérents, trompeurs et irrationnels – pour la simple et bonne raison que le système A s'appuie, nous l'avons vu, sur des axiomes incohérents, trompeurs et irrationnels. Et le fait tragique de notre époque est qu'à cause des verrous systémiques, il est finalement plus simple de renoncer à la cohérence et à la raison que de tirer les leçons de ces deux récits contradictoires.

Pour autant, cette *clarification* peut être vue comme une opportunité. Sans récit B pour le contraindre au discernement, le récit A est nu : le masque tombe, son inconséquence se dévoile. Il est de moins en moins possible pour Pascal, comme pour n'importe quel décideur, de ne pas voir où il nous mène, le dénouement funeste auquel il nous destine. Faire le jeu du système A impliquera de s'allier à des joueurs de plus en plus aveugles et cyniques, de devenir – volontairement ou non – complices d'un retour des monstres, *par la force des choses*.

Les décideurs, bientôt, ne pourront plus faire semblant de ne pas s'en rendre compte, ni se persuader qu'ils font encore partie des *progressistes*. Le dilemme de Pascal, ainsi, n'est pas près de s'arranger : il apparaîtra à la fois de plus en plus vital de jouer au jeu A – pour sauver sa place face à une compétition exacerbée – et de plus en plus évident que ce jeu, non seulement ne s'appelle plus *progrès*, mais nous fait régresser vers l'abîme que nous pensions fuir.

Notre décideur en arrive donc à la conclusion, paradoxale, que si la fuite en avant du système A est inéluctable, alors l'émergence d'un système B l'est aussi. En effet, pour chaque individu, il existe un seuil de tolérance à ce tiraillement et à cette dissonance cognitive, au-delà duquel il se trouve sommé de *choisir* entre ces deux récits.

L'ultime question, déterminante, est *quand ?*. Car si, pour certains – dont Pascal –, ce seuil de tolérance est déjà dépassé, d'autres auront besoin de quelques mois, quelques années encore – quelques décennies, pour les plus récalcitrants. Combien de temps, de décideurs faudra-t-il attendre ? Il se trouve que Pascal est reconnu pour son aptitude à sentir la prochaine tendance, à toujours prendre les bons paris sur l'avenir avec un temps d'avance : nombreux sont ceux qui continuent de lui demander conseil, pour arriver les premiers au futur. Ce pourrait être une chance.

Alors, il éteint sa télévision, rouvre son carnet d'adresses. Il repense à la longue traîne, aux 80 % de décideurs qui n'ont aucun intérêt à ce que la fuite en avant se poursuive : Pascal est isolé, mais il n'est pas seul. Il est potentiellement des millions.

Table des illustrations

Pictogramme verrou : créé par Hibernut, NounProject

Pictogramme éléphant : créé par Hafid Firman Syarif, NounProject

Pictogramme iceberg : créé par Cuan Studio, NounProject

Pictogramme jeu de miroirs : créé par Kavyashri Shastry, NounProject

Pictogramme boussole : créé par Kang Panjai, NounProject

Figure 1 : Steffen et al., 2015
https://futureearth.org/2015/01/16/the-great-acceleration/

Figure 2 : Bits and Bytes
https://semiconductor.substack.com/p/the-relentless-pursuit-of-moores

Figure 3 : IDC
https://medium.com/@mwaliph/exponential-growth-of-data-2f53df89124

Figure 4 : AIE
https://www.iea.org/reports/world-energy-outlook-2023/executive-summary

Figure 5 : Stockholm Resilience Center ; bonpote.com https://bonpote.com/la-6eme-limite-planetaire-est-officiellement-depassee/
Figure 6 : Microsoft ; Bloomberg Green ; Bruno Markov https://www.bloomberg.com/news/articles/2024-05-15/microsoft-s-ai-investment-imperils-climate-goal-as-emissions-jump-30
Figure 7 : Bruno Markov*
Figure 8 : Bruno Markov*
Figure 9 : SBTi https://sciencebasedtargets.org/resources/files/SBTi-Business-Ambition-final-report.pdf (page 18)
Figure 10 : Bruno Markov*
Figure 11 : Bruno Markov*
Figure 12 : Bruno Markov*
Figure 13 : Bruno Markov*
Figure 16 : Bruno Markov*
Figure 17 : Bruno Markov*
Figure 18 : Bruno Markov*
Figure 19 : Bruno Markov*
Figure 20 : Bruno Markov*
Figure 21 : Bruno Markov*
Figure 23 : © Vincent Callebaut https://vincent.callebaut.org/zoom/projects/150105_parissmartcity2050/parissmartcity2050_pl037
Figure 24 : Bruno Markov*
Figure 25 : O'Reilly https://www.oreilly.com/library/view/programming-collective-intelligence/9780596529321/
Figure 26 : Bruno Markov*
Figure 27 : Bruno Markov*

---

*. Reproduction interdite sans l'accord explicite de l'auteur et de l'éditeur.

Figure 28 : Bruno Markov*
Figure 29 : Bruno Markov*
Figure 30 : Bruno Markov*
Figure 31 : h3uni.org ; Bruno Markov
https://futurestewards.com/wp-content/uploads-/2021/12/10-tools-for-systems-change-to-a-zero-carbon-world.pdf (page 6)
Figure 32 : Bruno Markov*
Figure 33 : Ingénieurs sans Frontières ; ADEME
https://www.arec-idf.fr/la-sobriete-energetique-en-europe/
https://agirpourlatransition.ademe.fr/particuliers/conso/conso-responsable/garder-smartphone-plus-longtemps-possible
Figure 34 : Bruno Markov*
Figure 35 : Bruno Markov*
Figure 36 : Bruno Markov*
Figure 37 : Bruno Markov*
Figure 38 : Bruno Markov*
Figure 39 : Bruno Markov*
Figure 41 : Wikimedia commons
https://en.wikipedia.org/wiki/File:All_palaeotemps.png
Figure 42 : Bruno Markov*
Figure 43 : h3uni.org ; Bruno Markov
https://futurestewards.com/wp-content/uploads-/2021/12/10-tools-for-systems-change-to-a-zero-carbon-world.pdf (page 6)
Figure 44 : Bruno Markov*
Figure 45 : Kate Raworth
https://cec-impact.org/blog/la-theorie-du-donut-une-boussole-pour-les-decideurs-du-xxieme-siecle/

Figure 46 : Bruno Markov*
Figure 47 : Francisco de Goya
https://fr.wikipedia.org/wiki/Duel_au_gourdin#/media/Fichier:Francisco_de_Goya_y_Lucientes_-_Duelo_a_garrotazos.jpg
Figure 48 : Bruno Markov*
Figure 49 : Bruno Markov*
Figure 50 : Bruno Markov*
Figure 51 : Avit K. Bhowmik et al., 2020 ; Bruno Markov
https://www.linkedin.com/posts/celiaponcelin_fascinant-%C3%A0-votre-avis-pour-le-climat-activity-7158393778037239809-v6W6
Figure 52 : Bruno Markov*
Figure 53 : Bruno Markov*

Mis en pages par Au fil de la page à Saintes,
cet ouvrage a été achevé d'imprimer
par Edelvives, en Espagne,
pour le compte de S. N. Éditions Anne Carrière
57, rue Gaston-Tessier – 75019 Paris
en janvier 2025

Certifié PEFC
Ce produit est issu de forêts gérées durablement et de sources contrôlées
PEFC
PEFC/14-38-00260
www.pefc-france.org

Dépôt légal : février 2025
N° d'édition : 1135